CHRISTOPH QUARCH

Der kleine Alltags-Philosoph

Inhalt

EINLEITUNG
Warum lohnt es, sich mit Philosophie zu befassen? 6

GLÜCK UND SINN 12
Macht Geld wirklich glücklich? 14
Platon (428 – 348 v. Chr.)
Kann man sein Glück selbst schmieden? 17
Friedrich Nietzsche (1844 – 1900)
Ist das Glück etwas Besonderes? 20
Hermann Hesse (1877 – 1962)
Ist Glück eine reine Kopfsache? 22
Mark Aurel (121 – 180)
Kann man Sinn finden, auch wenn man leidet? 24
Viktor Frankl (1905 – 1997)

LIEBE UND PARTNERSCHAFT 26
Ist die ewige Liebe eine Illusion? 28
Friedrich Hölderlin (1770 – 1843)
Wie findet man die Liebe seines Lebens? 31
Aristophanes (450 – 380 v. Chr.)
Wie gelingt eine Partnerschaft? 33
Friedrich Schlegel (1772 – 1829)
Was ist eigentlich guter Sex? 35
Bertrand Russell (1872 – 1970)

Darf man mehrere Menschen lieben? 37
Diotima von Mantineia (5. Jahrhundert v. Chr.)

FREUNDSCHAFT UND GEMEINSCHAFT 40

Was zeichnet wahre Freundschaft aus? 42
Aristoteles (384 – 322 v. Chr.)

Dürfen Freunde Geheimnisse voreinander haben? 45
Lucius Annaeus Seneca (1 – 65)

Gibt es Freundschaft zwischen Mann und Frau? 47
Michel de Montaigne (1533 – 1592)

Ist es okay, miteinander zu streiten? 49
Georg Wilhelm Friedrich Hegel (1770 – 1831)

Braucht Freundschaftspflege Disziplin? 51
Immanuel Kant (1724 – 1804)

Ist Geiz wirklich geil? 54
Thomas von Aquin (1225 – 1274)

ARBEIT UND BERUF 56

Wie kann man sich vor Erschöpfung schützen? 58
Sören Kierkegaard (1813 – 1855)

Welche Arbeit passt zu mir? 60
Martin Buber (1878 – 1965)

Warum ist Teamfähigkeit wichtig? 62
Johann Wolfgang von Goethe (1749 – 1832)

Muss Arbeit zur Tretmühle werden? 64
Hannah Arendt (1906 – 1975)

Woran bemisst sich beruflicher Erfolg? 66
Pico della Mirandola (1463 – 1494)

Darf man im Beruf Fehler machen? 68
Erasmus von Rotterdam (1467 – 1536)

Belebt Konkurrenz tatsächlich das Geschäft? 70
Thomas Hobbes (1588 – 1679)

FREIZEIT UND ERHOLUNG 72

Verschwenden wir zu viel Zeit mit Spielen? 74
Friedrich Schiller (1759 – 1805)

Ist Wellness unmoralisch? 77
Teresa von Avila (1515 – 1582)

Auszeit – ein Zeichen von Egoismus? 79
Wilhelm Schmid (*1953)

Wie sollte man reisen? 81
Jean-Jacques Rousseau (1712 – 1778)

Wie sieht das ideale Wochenende aus? 83
Ralph Waldo Emerson (1803 – 1882)

Lohnt es sich, ins Museum zu gehen? 86
Walter Benjamin (1892 – 1940)

GESUNDHEIT UND HEILUNG 88

Was kann ich tun, um gesund zu bleiben? 90
Hildegard von Bingen (1098 – 1179)

Woran erkenne ich einen guten Arzt? 93
Hans-Georg Gadamer (1900 – 2002)

Haben Krankheiten eine tiefere Bedeutung? 95
Viktor von Weizsäcker (1886 – 1957)

Was ist die beste medizinische Behandlung? 97
Paracelsus (1493 – 1541)

Welches Kraut ist gegen Stress gewachsen? 99
Meister Eckhart (1260 – 1328)

WISSEN UND WEISHEIT 102

Weisheit – eine Frage des Alters? 104
Sokrates (470 – 399 v. Chr.)

Was muss man heute eigentlich noch lernen? 107
Martin Heidegger (1889 – 1976)

Auf welche Schule schicke ich mein Kind? 110
Wilhelm von Humboldt (1767–1835)
Schadet das Internet unseren Kindern? 112
Jacob (1785–1863) und Wilhelm (1786–1859) Grimm
Sind wir Kulturbanausen? 114
Max Horkheimer (1895–1973) und Theodor W. Adorno (1903–1969)

NATUR UND ÖKOLOGIE 116

Dürfen wir uns die Natur unterwerfen? 118
René Descartes (1596–1650)
Warum ist Artenschutz wichtig? 121
Friedrich Wilhelm Joseph Schelling (1775–1854)
Müssen wir alle Vegetarier werden? 123
Georg Christoph Tobler (1757–1812)
Warum sollten wir Bio-Produkte kaufen? 125
Albert Schweitzer (1875–1965)

SPIRITUALITÄT UND RELIGION 128

Religiös – ohne Religion und Kirche? 130
Friedrich Daniel Ernst Schleiermacher (1768–1834)
Gibt es gute und schlechte Religionen? 133
Gotthold Ephraim Lessing (1729–1781)
Wo ist Gott? Und wenn ja, wie viele? 135
Heraklit von Ephesos (545–475 v. Chr.)
Müssen wir uns vor dem Jenseits fürchten? 137
Epikur von Samos (341–271 v. Chr.)
Was tun, wenn man den Halt verliert? 139
Paul Tillich (1886–1965)

Bücher und Adressen, die weiterhelfen 142

Einleitung

Warum lohnt es, sich mit Philosophie zu befassen?

»Die Philosophie ist das größte Geschenk, welches die Götter dem Menschengeschlecht je gemacht haben.« Cicero

•••••

So alt wie die Philosophie ist die Frage, welchen Nutzen sie den Menschen bringt. Schon in der Antike erzählte man die Geschichte von der thrakischen Magd, die in schallendes Gelächter ausbrach, als sie Zeugin eines Missgeschicks des Thales wurde – eines Mannes, der gemeinhin als der älteste der griechischen Philosophen verehrt wird. Von ihm nun heißt es, er habe sich einst so sehr in seinen Gedanken über die geheimen Gesetze des Himmels verloren, dass er den Brunnen vor sich nicht sah und unversehens hineinstürzte. »Du kennst wohl die Dinge am Himmel«, habe das kecke Weib ihn da verspottet, »siehst aber nicht, was dir vor Füßen liegt!« Seither stehen Philosophen im Ruf, weltfremde Käuze zu sein, Einsiedler in luftigen Elfenbeintürmen, die vor lauter Gedanken das Leben nicht sehen.

Das stimmt aber nicht. Oder sagen wir so: Es stimmt nur zum Teil. Gewiss gab es zu allen Zeiten weltabgewandte, asketische Philosophen, die meinten, sich von den Dingen des Lebens fernhalten zu müssen, um ungestört im Ozean des Geistes kreuzen zu können. Und ebenso gewiss neigt die akademische Philosophie der Gegenwart dazu, sich in den Universitäten zu verschanzen und eine Sprache zu sprechen, die kein normaler Mensch versteht. Ganz so, als wollte sie dem großen Denker Martin Heidegger (den die gelehrten Professoren wegen seiner kühnen Denkabenteuer ansonsten nicht sehr schätzen) folgen, der einst lehrte, das Sich-verständlich-Machen sei der »Selbstmord der Philosophie«. All das gibt es, aber all das ist nur die eine Seite der Philosophie. Und es ist nicht unbedingt die aufregendste.

Philosophie als Lebenskunst

Daneben aber gibt es von alters her ein Philosophieren, das dem Leben zugewandt ist, das dem Menschen dienen will: das getragen ist von der Sehnsucht nach einem guten und sinnvollen Leben. Man nennt es philosophische Lebenskunst, und sie ist es, die einst im alten Griechenland im Zentrum allen Nachdenkens stand. Nicht zufällig ließ Platon, der wohl führende Kopf der antiken Weisen, seine Leser wissen, es gehe in all seinen Werken allem voran um »die Frage, wie man auf eine gute Weise leben könne«. Diese Frage zu beantworten, sei das Geschäft allen Philosophierens, das seinen Namen verdient. Wobei man wissen muss, dass »Philosophie« ursprünglich nichts anderes bedeutet als die Liebe (philía) zur Weisheit (sophía); und dass die Griechen unter Weisheit eben nichts anderes verstanden als jene eigentüm-

Einleitung

liche und schwer vermittelbare Fertigkeit, ein gutes, glückliches, lebendiges und nicht zuletzt wahres Leben zu führen.

Nun ist die Weisheit niemandem in die Wiege gelegt, und die Fertigkeit des guten und glücklichen Lebens will immer neu erlernt werden. Auch ist die Sehnsucht des Menschen nach einem sinnvollen und bejahenswerten Leben selbst nach gut 2500 Jahren abendländischen Philosophierens keineswegs erloschen. Im Gegenteil: Sie entflammt immer neu. Gerade jetzt, zu Beginn des 21. Jahrhunderts, da viele der tradierten Antworten nicht mehr überzeugen und die christlichen Kirchen als tragende Institutionen der Sinnstiftung reichlich Federn gelassen haben. Gerade heute, da immer mehr Menschen darunter leiden, keinen fundamentalen Sinn in ihrem Leben zu finden, und nicht zuletzt deshalb über kurz oder lang Depressionen oder Burn-out-Symptome entwickeln. Gerade jetzt tut Weisheit not. Und da trifft es sich gut, dass wir auf eine so lange und facettenreiche Geschichte des philosophischen Ringens um die Weisheit zurückgreifen können.

Beschäftigung mit sich und der Welt

Die alte Frage nach dem Nutzen der Philosophie findet so ihre Antwort: Philosophie ist nicht in dem Sinne nützlich, dass sie profitabel wäre. Sie ist nicht nützlich nach Maßgabe dessen, was in unserer heutigen, vom ökonomischen Denken durchsetzten Welt als erstrebenswert gilt. Ihr Nutzen liegt allein darin, dass sie denen, die sich mit ihr befassen, Sinnperspektiven eröffnet – dass sie Vorschläge unterbreitet, wie das eigene Leben und die Welt interpretiert und gedeutet werden können. Sie ermutigt dazu, sich und die Welt zu bejahen, und schafft damit die Voraussetzungen, die erfüllt sein müssen, wenn sich Glück einstellen soll.

Antisthenes, der Begründer der antiken Philosophenschule des Kynismus, wurde einst gefragt, was die Philosophie ihm gebracht habe. »Die Fähigkeit, mit mir selbst umzugehen«, war seine Antwort – ein beachtliches Wort, das von seiner Gültigkeit nichts eingebüßt hat. Denn eben darum geht es bis heute jeder philosophischen Lebenskunst: ein gutes, stimmiges Verhältnis zu sich selbst zu finden, mit sich befreundet zu sein, um im eigenen Leben heimisch zu werden. Und darum geht es auch in diesem Buch.

Fragen, die wir alle kennen

Es lädt Sie dazu ein, sich mit sich selbst zu befassen, und es bietet Ihnen eine Basis, sich und die Ansichten, mit denen Sie sich gemeinhin identifizieren, auf den Prüfstand zu stellen, um neue, ungewohnte Sichtweisen zu erschließen – neue, vielleicht überraschende und unerwartete Perspektiven zu erproben, die Sie dazu bringen, besser als bislang mit sich und dem Leben zurechtzukommen. Oder auch Ihre bisherigen Einsichten zu bestätigen, dabei aber neue und tiefere Gründe dafür auszuloten. Kurz: Dieses Buch will Sie ermutigen, mit sich und dem Leben ins Gespräch zu kommen – einen tieferen Blick zu wagen, sich vom Leben in Anspruch nehmen zu lassen, um solcherart ein anspruchsvolles und lebendiges Leben zu führen.

Der Weg dorthin beginnt immer im Alltag. Meist sind es nicht Vorträge oder Bücher, die uns zu denken geben, sondern alltägliche Situationen, Sorgen, Probleme und Fragen, wie sie sich den meisten Menschen – auch dem Philosophen – immer wieder stellen. Sie sollen hier als Ausgangspunkt zu kleinen philosophischen Spaziergängen dienen, bei denen Sie unterschiedlichen Weisheitsliebhabern und -liebhaberinnen aus unterschiedlichen Epochen begegnen werden. Und Sie sind herzlich eingeladen, sich von ihnen in einen philosophischen Dialog verwickeln zu lassen, eine Konversation, die Ihnen von Nutzen ist, die Sie inspiriert, die Ihnen Freude macht – ja, die Sie am Ende gar zum Lachen bringt. Wie einst die thrakische Magd.

Christoph Quarch, August 2013

Glück und Sinn

Im Einklang mit der Welt

Glücklich sind wir dann, wenn wir zu uns und der Welt »Ja« sagen können: wenn wir das Leben als sinnvoll erleben. Ob uns das gelingt, hängt vor allem davon ab, ob wir uns auf die Wirklichkeit einlassen können.

•••••

Der griechische Philosoph Aristoteles lehrte einst, jeder Mensch strebe danach, glücklich zu sein. Nur gebe es beträchtliche Meinungsverschiedenheiten darüber, worin das Glück des Menschen eigentlich bestehe.

Tatsächlich haben die Philosophen über die Jahrhunderte sehr unterschiedliche Deutungen des Glücks vorgetragen. Nach alledem erscheint es am überzeugendsten, Glück als die Erfahrung von Stimmigkeit zu deuten: Es macht uns glücklich, wenn alles stimmt, wenn sich die Dinge zu einem Ganzen fügen, wenn wir unser Leben als sinnvoll und harmonisch erfahren, sodass wir »Ja« sagen können. Dazu braucht es gar nicht viel. Oft sind es unerwartete, geschenkte Augenblicke, die uns glücklich machen.

> **»Geld regiert die Welt«,**
> sagt das Sprichwort. Und tatsächlich:
> Alles scheint sich nur ums Geld zu drehen.
> Aber macht Geld wirklich glücklich?

Klare Frage, klare Antwort: Nein. Glück kann man nicht kaufen. Auch wenn es ganze Heerscharen von Werbeleuten gibt, die uns weismachen wollen, wenn wir nur dieses oder jenes Produkt erwerben, erhielten wir das Glück gleich mit dazu. Oder wir müssten unbedingt in diesen oder jenen Ferienflieger steigen, um zuverlässig im Glück zu landen. Ja, wenn es doch so einfach wäre! Dann bräuchten wir nur hinter jedem verheißungsvollen Schnäppchen herzulaufen oder bis zum Umfallen zu schuften, um immer mehr materielle Reichtümer anzuhäufen. Nur: Wer solches tut, ist meist nicht glücklich. Und wenn doch, dann nicht wegen, sondern trotz des Geldes. Das wussten schon die alten Griechen. Ohne dass sie deshalb auf die Idee gekommen wären, das Geld in Bausch und Bogen zu verdammen. Geld ist ein Mittel, das Menschen ersonnen haben, um sich das zu verschaffen, was sie zum Leben brauchen. Platon, der wohl einflussreichste Denker Europas, hat einmal die Geschichte erzählt, am Anfang hätten die Menschen die Güter und Dienstleistungen, die sie brauchten, einfach gegeneinander eingetauscht. Erst als das zu kompliziert wurde, hätten sie das

Glück und Sinn

Geld erfunden. Das sei auch gut gegangen, solange sie das Geld als bloßes Instrument betrachtet hätten: als Mittel zu einem guten Leben, nicht aber als Sinn und Zweck des Lebens; als Mittel, um Bedürfnisse zu befriedigen, nicht aber als etwas, das selbst zum Bedürfnis wird – zum Bedürfnis, ja zur Gier nach immer mehr Geld. Das Mehr-haben-Wollen, so Platon, ist aller Übel Anfang.

Und noch eines lehrte er: Glücklich werden wir nicht dadurch, dass wir vieles haben – selbst dann nicht, wenn wir alles hätten, was wir zum Leben in Wohlstand und Sicherheit brauchen. Gewiss: Wir brauchen Geld, um unsere Miete zu zahlen, um Nahrungsmittel zu kaufen, um uns weiterzubilden, uns fortbewegen und erholen zu können. Ja, wir brauchen Geld, um uns den einen oder anderen Wunsch zu erfüllen. Gegen all das ist überhaupt nichts einzuwenden. Nur sollten wir nicht glauben, dass wir dadurch schon glücklich werden.

Glücklich werden wir Platon zufolge nämlich erst dann, wenn wir das, was wir haben, auf eine gute und sinnvolle Weise verwenden. Und sinnvoll und gut ist in seinen Augen, das Leben so zu gestalten, dass es stimmt: dass wir mit uns und der Welt im Reinen sind, in Harmonie. Das echte, tiefe Glück – das Glück, das unsere ganze Seele vor Freude vibrieren lässt – erfüllt uns dann, wenn wir »Ja« sagen können: zu uns selbst, zu unseren Mitmenschen, zu der Welt, in der wir leben. Glücklich werden wir nicht dadurch, immer mehr zu haben, sondern immer mehr zu sein, immer mehr in Balance zu sein. Das heißt: nur so viel zu uns zu nehmen, wie wir verdauen können; zu geben, ohne uns zu verausgaben; unser Leben zu arrangieren wie eine Symphonie, bei der aus der Vielfalt der einzelnen Klänge ein geordnetes, stimmiges Ganzes entsteht – ein Ganzes, zu dem wir »Ja« sagen können und das uns glücklich macht. Dafür braucht es nicht viel: nur, dass wir der Wahrheit ins Gesicht schauen und der Welt unser Herz öffnen, uns von Gier befreien und die Geschenke des Lebens annehmen. Mit ihnen kommt dann auch das Glück.

Platon (428 – 348 v. Chr.)

Der englische Philosoph A. N. Whitehead hat einmal gesagt, die europäische Philosophie sei nichts anderes als eine Fußnotensammlung zu Platon. Das stimmt. Platon ist der bedeutendste Philosoph des Abendlandes. Und sicher auch einer der spannendsten. Vor allem wenn es um die großen Fragen des Lebens geht. Denn in seinen Schriften leuchtet noch ganz viel von der uralten Weisheit der mythologischen Zeit durch. Das gibt seiner Philosophie eine Ursprünglichkeit, die man bei späteren Denkern vergeblich sucht. Sein wichtigster Gedanke: Alles lebt – und gut leben bedeutet: im Einklang mit dem großen kosmischen Leben sein.

Seines Glückes Schmied

zu sein – ist das möglich?
Blättert man in Zeitschriften, könnte
man meinen, es gibt tatsächlich wirksame
Glücksrezepte oder -programme.

───── ••••• ─────

Schön wär's! Wenn es ein Zehn-Punkte-Programm gäbe, das einem zuverlässig den Weg zum Glück wiese – die ultimative Glücksdiät, die allein selig machende Methode! Tja, dann … dann gäbe es weniger Gejammer in der Welt. Aber gejammert wird reichlich. Ganz so leicht ist es offenbar nicht, sein Glück zu machen.

Dass der Mensch seines eigenen Glückes Schmied sein könne, ist eine relativ junge Idee. Erst mit Beginn des technischen Zeitalters hat sich die Vorstellung durchgesetzt, dass uns Menschen alles machbar wäre – dass wir nur die richtige Methode oder Technik anwenden müssten, um alles erreichen zu können – zum Mond fliegen, Atomkraftwerke bauen … und glücklich sein.

Einer, der dieses Denken aufs Korn genommen hat, war Friedrich Nietzsche. Zwar war der kauzige Denker durchaus davon überzeugt, dass es in der Macht des Menschen stehe, das eigene Leben so zu gestalten, dass man es gutheißen kann. Was für ihn allerdings viel mehr bedeutete, als selbst gesteckte Ziele zu erreichen. Die Glücksvorstellungen des modernen Menschen waren ihm zuwider – dieses Glück, das aus ein bisschen Freude über erfüllte Wünsche und gestillte Bedürfnisse besteht. Worum es Nietzsche ging, war etwas anderes: ein Leben, zu dem man jeden Augenblick »Da capo!« rufen möchte: »Noch einmal! Und: Immer wieder!« Selbst dann, wenn es nicht lustig ist; selbst dann, wenn man wie er unter ständigen Kopfschmerzen leidet.

Nietzsche glaubte, wirklich glücklich sein könne nur, wer das Leben aus freien Stücken bejaht; wer sich frei gemacht hat von den Glücksverheißungen der Werbestrategen und Moralprediger; wer sein Leben nicht mit dem Maßstab anderer misst, sondern herausgefunden hat, wie er sich zu sich selbst und zur Welt so ins Verhältnis setzen kann, dass es für ihn persönlich stimmt. Autorschaft über das eigene Leben – das war Nietzsches große Idee. Mich wie ein Künstler zu mir selbst verhalten: meinen eigenen Idealen folgen und mit dem Hammer des »Willens zur Macht« (wie er das nannte) die Skulptur meines Lebens meißeln.

Mit einem Glücksrezept hat das nicht viel zu tun. Wer wie Nietzsche denkt, dem wäre es peinlich, irgendeinem Glücksideal hinterherzudackeln, das ihm irgendwelche Marktschreier als Soll-Zustand anpreisen – für Nietzsche ein Symptom sklavischer Gesinnung. Er ruft stattdessen dazu auf, Meister des eigenen Lebens zu sein. Das heißt nun aber gerade nicht, dass sich alles nach den eigenen Wünschen formen lässt – weil der Stoff, aus dem wir unser Leben meißeln, nicht beliebig formbar ist. Lebenskunst bedeutet nicht, so tun, als wäre man allmächtig. Es bedeutet vielmehr: mit den Gegebenheiten des Lebens klarkommen, wissen, wer man ist und was man kann, die eigenen Grenzen annehmen und mit ihnen etwas anfangen. »Amor fati« – das Schicksal lieben. Der österreichische Autor Karl Gamper hat dafür eine schöne Formel gefunden: »Wolle, was da komme«!

Friedrich Nietzsche
(1844 – 1900)

Er selbst sah sich als »Philosoph mit dem Hammer«: als einer, der gründlich Kehraus macht mit dem Muff der – wie er meinte – lebensfeindlichen Kultur des christlichen Abendlands. Nietzsche predigte stattdessen Lebenslust und Weltbejahung. »Bleibt der Erde treu!«, rief er den Lesern seines »Also sprach Zarathustra« zu. Und: »Lernt mir lachen.« Er sagte »Gott ist tot«, sah sich aber als Gefolgsmann des antiken Gottes Dionysos – als Tänzer und Aufrührer, als Freund des Lebens und Verächter der Moral. Als er später erkrankte, sahen seine Gegner darin ein Zeichen seiner geistigen Verwirrung. Er selbst meinte, dass er zu früh gekommen war und erst nach seinem Tod verstanden werden würde. Eine tragische Figur, aber eine liebenswerte.

Manchmal trifft man
Menschen, die glücklich sind.
Fragt man sie nach dem Grund dafür,
erzählen sie oft ganz unspektakuläre Dinge.
Ist Glück also gar nichts Besonderes?

Einer der schönsten Texte, die je über das Glück geschrieben wurden, stammt aus der Feder von Hermann Hesse. Er erzählt darin von einer Erfahrung aus Kindheitstagen, die so tief und so beglückend war, dass sie ihn über die Spanne eines ganzen Lebens begleitet hat. Aber was noch mehr zählt: Wenn man seinen Worten folgt, überkommt einen selbst eine Woge des Glücks – als schlügen sie in der Seele eine vergessene Saite an, deren Klang ein Lächeln auf die Lippen zaubert. Neugierig geworden?

»Es war Morgen, durchs hohe Fenster sah ich über dem langen Dachrücken des Nachbarhauses den Himmel heiter in reinem Hellblau stehen, auch er schien voll Glück, als habe er Besonderes vor und habe dazu sein hübschestes Kleid angezogen. Mehr war von meinem Bette aus von der Welt nicht zu sehen.« So beginnt Hesse seine Glücksgeschichte. Und dann erzählt er, wie ihn in dieser magischen Morgenstunde das Gefühl überkam, diese wenigen Dinge – der Himmel, die Ziegel des benachbarten Daches, er selbst – würden in einer vollkommenen Harmonie schwingen. Sie »hatten einen Sinn, sie

Glück und Sinn

gehörten zusammen, sie spielten miteinander, es war ihnen wohl, und es war gut und tat wohl, sie zu sehen, ihrem Spiel beizuwohnen, sich vom selben Morgenglanz und Wohlgefühl durchflossen zu fühlen wie sie.« Und genau das ist – wenn wir Hesse folgen – das Glück: »Die Welt war in Ordnung.« Was man daraus lernen kann? Glück ist dann, wenn alles stimmt – wenn man mit sich und der Welt im Einklang ist. Wenn man wie ein Verliebter einfach nur »Ja« zum Leben sagt und es nimmt, wie es ist. Das ist tatsächlich ganz unspektakulär. Dafür muss man nicht viel wissen. Dafür braucht man nur einen offenen Blick und ein offenes Herz: die Fähigkeit, sich einzulassen auf den Augenblick, die Bereitschaft, die Grenzen des Ichs durchlässig zu machen und die Verbundenheit mit allem anderen zu spüren.

 Hermann Hesse (1877–1962)

In den Lehrbüchern zur Philosophiegeschichte taucht Hesse zwar nicht auf, aber ein Liebhaber der Weisheit (so die deutsche Übersetzung von »Philo-Sophos«) ist der Literatur-Nobelpreisträger allemal. Das zeigt sich ganz besonders in seinem Vortrag »Glück« aus dem Jahre 1949, in dem er nicht nur auf eindrückliche Weise von einer eigenen, tiefen Glückserfahrung spricht, sondern auch eine philosophisch einleuchtende Interpretation derselben vorlegt.

Neuerdings kursiert die These,
wir könnten mit der Kraft unserer
Gedanken glücklich werden.
Ist Glück also eine reine Kopfsache?

———•••••———

Als Philosoph muss man diese Frage natürlich bejahen. Denn schon in der Antike haben die Philosophen den Anspruch erhoben, Deutungen der Welt vorzutragen, die das Leben leichter machen und zu seinem Gelingen beitragen können. Sie waren der Meinung, dass es kaum etwas gibt, was Menschen mehr von einem glücklichen und erfüllten Leben abhält als irrige Vorstellungen darüber, was das Leben eigentlich ist – oder das Glück, oder der Sinn … Sokrates etwa, die Galionsfigur der europäischen Philosophie, machte den lieben langen Tag nichts anderes, als seinen Mitbürgern zu spiegeln, dass sie falschen Meinungen, Deutungen und Selbstbildern aufsitzen und genau deshalb nicht glücklich sind.

Das Glück beginnt im Kopf. Nicht, weil wir aus quantentheoretisch herleitbaren Gründen eine magische Kraft besäßen, mittels unserer Gehirnströme auf die Welt um uns einzuwirken, sondern schlicht deshalb, weil es für unser Wohlergehen auf Erden entscheidend ist, mit welcher inneren Haltung wir der Welt begegnen. »Das Glück deines Lebens hängt von der Beschaffenheit deiner Ge-

Glück und Sinn

danken ab«, lehrte deshalb Mark Aurel, der einzige Philosoph, der es je auf den römischen Kaiserthron gebracht hat. Was er damit sagen wollte: Glück ist eine Frage der Einstellung. Vor allem eine Frage der Wertungen. Denn nichts steht unserem Glück so sehr im Wege wie dieser innere Richter in uns, der es einfach nicht lassen kann, Dinge und Menschen zu beurteilen oder gar zu verurteilen. Ständig versetzt er uns in schlechte Laune, produziert Enttäuschungen und Frust. Wer glücklich sein will, muss die Dinge also zunächst mal so nehmen, wie sie sind – wertfrei. Das heißt: die Wahrnehmung von Emotionen abkoppeln. So sahen das die Stoiker, eine Philosophenschule, der auch der römische Kaiser angehörte. Er scheint ganz gut damit gefahren zu sein.

Mark Aurel (121–180)

Er war der Philosoph auf dem Kaiserthron. Ausgebildet in den Lehren der stoischen Philosophenschule, bemühte sich der Imperator des mächtigen römischen Weltreichs um Gerechtigkeit und inneren Frieden. Mit seiner Gesetzgebung verbesserte er die Situation von Sklaven und Frauen, und in seiner knapp bemessenen freien Zeit schrieb er seine Gedanken nieder. Berühmt wurden seine »Selbstbetrachtungen«, in denen er ein großartiges Zeugnis geistiger Disziplin und mentaler Kraft ablegt.

Jobverlust, Krankheit, Trennung – Schicksalsschläge lassen uns oft am Sinn des Lebens zweifeln. Kann man Sinn finden, auch wenn man leidet?

———•••••———

Nietzsche hat einmal gesagt: »Wer ein Warum zum Leben hat, erträgt fast jedes Wie«. Damit wollte er sagen: Solange man irgendeinen Sinn in seinem Dasein erkennen kann, können einem auch die widrigsten Umstände nichts anhaben. So jedenfalls interpretiert ein anderer Denker dieses Nietzsche-Wort. Einer, der das Leiden kannte: Viktor Frankl. Ob seiner jüdischen Herkunft von den Nazis interniert, schuftete er unter unsäglichen Bedingungen im Konzentrationslager. Tod, Krankheit, Hoffnungslosigkeit waren sein Alltag. Aber er ließ sich nicht unterkriegen, überlebte die Hölle und schrieb nach seiner Befreiung ein Buch, worin er das Erfahrene verarbeitete. Der Titel ist Programm: »Trotzdem Ja zum Leben sagen«.

Denn genau das war Frankl zuteil geworden: Das große »Ja«, das ihm erlaubte, selbst da noch Sinn zu erfahren, wo jeder Normalsterbliche die totale Absurdität erblickt. So erzählt er, bei einem Arbeitseinsatz mitten im Winter sei ihm eine Art Wunder widerfahren: »In einem letzten Aufbäumen gegen die Trostlosigkeit eines Todes, der vor dir ist, fühlst du deinen Geist das Grau, das dich umgibt, durchstoßen, und in diesem letzten Aufbäumen fühlst du, wie dein Geist über diese ganze trostlose und sinnlose Welt hinausdringt und auf deine letzten Fragen um einen letzten Sinn zuletzt von irgendwoher dir ein sieghaftes ›Ja!‹ entgegenjubelt.«

Ja. Trotz allem Ja – das ist der Spalt, durch den, wenigstens für Augenblicke, das Licht des Glücks noch die finsterste Nacht des Leidens zu erhellen vermag. Doch lässt sich dieses Glück nicht herbeizwingen. Es fällt uns zu, wenn wir uns nicht verschließen und uns immer neu vom Leben berühren und beschenken lassen. Dafür braucht es nur ein offenes Herz. Denn, das ist Frankls tiefste Einsicht: Das Wunder des Ja wächst allein aus der Liebe.

Viktor Frankl (1905 – 1997)

Selten sind sich Philosophie und Medizin so nahe gekommen wie in der Person Viktor Frankls. Denn den gebürtigen Wiener trieb von Jugend an die Frage um, was dem Leben Sinn und Tiefe gibt. Er wurde Arzt und entwickelte sich rasch zum Experten der Psychiatrie und Neurologie. Doch sein eigentliches Interesse galt der Psychotherapie, in der er eine neue Richtung begründete: die Logotherapie – eine Methode, die psychische Leiden heilt, indem den Patienten Sinnperspektiven eröffnet werden. Wie lebenswichtig Sinn tatsächlich ist, erfuhr er später am eigenen Leibe in Auschwitz und Dachau.

Liebe und Partnerschaft

Erfüllung durch die Kraft des Eros

Nichts belebt uns so sehr wie die Liebe. Frisch Verliebte beben vor Glück. Doch wenn die Liebe älter wird, erschlafft sie oft. Das muss nicht so sein, denn in Partnerschaften kann die Liebe reifen.

·····

Eros, die Liebe, so lehrte einst Platon, ist die Kraft im Menschen, mit der das Leben zu sich selbst kommen will. Wer liebt, vibriert vor Lebendigkeit, wächst über sich hinaus. Wer liebt, erfasst den Sinn des Lebens, weiß sich der eigenen Wahrheit nahe. Doch ist Liebe nicht gleich Liebe. Die Liebe hat viele Gesichter. Sie reicht von der sexuellen Leidenschaft zweier frisch Verliebter bis zur stillen Hingabe eines reifen Paares. Das Größte aber ist es, sich mit einem offenen, liebenden Herzen dem Leben anzuvertrauen. Dazu muss die Liebe reifen – durch Leiden und Freuden, in Schmerz und Ekstase, in Partnerschaft und Einsamkeit. Zuletzt aber gibt es nichts anderes, was uns wahre und tiefe Erfüllung zu schenken vermöchte.

Die große, ewige Liebe –

so viele Romane erzählen von ihr. Doch im realen Leben sucht man sie oft vergebens. Da sind Trennung und Scheidung an der Tagesordnung. Ist die ewige Liebe doch nur eine Illusion?

———•••••———

Von wegen. Entweder eine Liebe ist ewig, oder sie verdient den Namen »Liebe« nicht. Das jedenfalls wäre eine Antwort, die einem Liebenden geziemt, die allerdings allen Nicht-Liebenden kaum verständlich ist. Und das sind wohl die meisten Menschen. Denn seien wir ehrlich: Wer lebt schon dauerhaft »in der Liebe« – wer ist schon dauerhaft »in love«, wie die Engländer sagen? Wer wandelt mit einem offenen Herzen durch die Welt und fühlt sich innig verbunden mit der Natur, seinen Mitmenschen, seiner oder seinem Geliebten? Das wären einige der Facetten, an denen man eine liebende Seele erkennen könnte – zumindest dann, wenn wir den Lehrern, Denkern und Dichtern der Liebe folgen, allen voran dem größten unter ihnen: Friedrich Hölderlin.

Tatsächlich muss man lange suchen, bis man einen Menschen findet, der wie er die Liebe zur Sprache brachte. »Was ist alles, was Menschen in Jahrtausenden dachten und taten, gegen einen Augenblick der Liebe?«, fragt er in seinem Roman »Hyperion« – ein zutiefst berührendes Buch, worin der Dichter eine

Liebe und Partnerschaft

Philosophie der Liebe entwickelt, die weit davon entfernt ist, bloße, idealisierende Theorie zu sein. Nein, sie ist die Frucht einer großen Liebe, einer ewigen Liebe: der Liebe, die ihn mit der Frankfurter Bankiersgattin Susette Gontard verband und der er in seiner Romanheldin Diotima ein Denkmal setzte. Die Geschichte dieser Liebe endet tragisch. Wenige Jahre nach der durch ihren Gatten erzwungenen Trennung von Hölderlin stirbt Susette, ihren eigenen Worten zufolge an einem gebrochenen Herzen. Und Hölderlin entgleitet langsam in den Wahnsinn. Auch seine Diotima hatte er sterben lassen; nicht aber, ohne ihr einen bewegenden Abschiedsbrief anzudichten: »Wie sollt ich mich verlieren aus der Sphäre des Lebens, worin die ewige Liebe, die allen gemein ist, die Naturen alle zusammenhält?«, heißt es darin.

Die Liebe ist in Hölderlins Augen eine objektive Realität. Sie ist die Kraft, die die Welt im Innersten zusammenhält. So hatten schon die Griechen den Eros gedeutet: als eine ewige, göttliche Kraft, die den ganzen Kosmos durchwirkt, die allem Leben innewohnt und dafür Sorge trägt, dass ein jedes Lebewesen zu sich selbst kommt und das in ihm schlummernde Potenzial entfaltet. Sich zu verlieben, »in die Liebe zu fallen« (fall in love), das ist unsere menschliche Teilhabe an dieser Wirklichkeit. Dann schwingen wir in Resonanz mit dem Grund und Sinn der Welt: »Ist nicht heilig mein Herz, schöneren Lebens voll, seit ich liebe«, dichtete Hölderlin seiner Susette und verlieh damit seinem tiefsten Glauben Worte: Nur wer liebt, der lebt wahrhaftig.

Doch wäre es ganz verkehrt, die von Hölderlin besungene ewige Liebe mit dem zu verwechseln, was gar zu oft in Beziehungen stattfindet. Seine Liebe ist frei von allen Besitzansprüchen und Machtspielen. Sie speist sich nicht aus dem Begehren der Bedürftigkeit, sondern aus der Fülle des natürlichen Lebens. Deshalb weicht sie dem Leid nicht aus: »Ein Sohn der Erde schein ich«, seufzt der Dichter, »zu lieben gemacht, zu leiden«. Ja, es gibt sie, die ewige Liebe, aber der Weg zu ihr ist steinig und mühsam – da ist es viel bequemer, die ewige Liebe als romantische Illusion zu verspotten.

Friedrich Hölderlin (1770 – 1843)

»Die Liebe zwingt uns alle in die Knie«, sprach der Dichter. Und eben das war auch sein Schicksal. Hölderlin glaubte an die Liebe, lange bevor sie ihm durch Susette Gontard zuteil wurde. Und er war zutiefst davon überzeugt, dass der Mensch nur da wahrhaft Mensch sein könne, wo er liebt. Daran hielt er fest, trotz aller Widrigkeiten seines Lebens, von denen es mehr als reichlich gab. Hinterlassen hat er neben dem Roman »Hyperion« einen Schatz teils schwer verständlicher Gedichte, die jedoch jedem zu Herzen gehen, der bereit ist, sich auf sie einzulassen.

Bei Internetagenturen

kann man heute genau beschreiben, wie man sich seinen idealen Partner vorstellt. Aber findet man so die Liebe seines Lebens?

In Platons Dialog »Symposium« schickt sich der Komödiendichter Aristophanes an zu erklären, was das Geheimnis der Partnerwahl ist. Einst, so sagt er, hätten kugelförmige Zwitterwesen die Erde bevölkert. Doch habe Zeus sie im Zorn in zwei Teile gespalten, und seither irrten die armen Getrennten sehnsüchtig durch die Welt – getrieben von dem Begehren, die verlorene, »bessere« Hälfte zu finden.

Wenn das stimmt, dann muss es sie irgendwo geben: die andere Hälfte unserer selbst – den Traumpartner, der zu uns passt wie der Schlüssel ins Schloss; und den zu finden würde bedeuten, endlich ganz zu sein – rund, vollkommen, zufrieden. Bleibt nur die Frage: Wo finde ich ihn? Woran erkenne ich sie? Und kann mir eine Suchmaschine im Internet dabei helfen?

Die nüchterne und ehrliche Antwort lautet: Nein. – Warum? – Weil die Suchmaschine nur das sucht, was ich ihr aufgetragen habe. Weil sie nach dem Bild sucht, das ich von meinem Traumpartner habe, das aber gar zu oft nur ein Spiegelbild meiner selbst ist: eines, bei dem ich meine eigenen Begehrlichkeiten in das Gewand eines fiktiven Traumpartners hülle, aus dessen Augen mich aber in Wahrheit kein anderer anschaut als ich selbst. Der vermeintliche Traumpartner ist allzu oft gerade nicht das unbekannte, überraschende Du, worin mir all das begegnet, was ich nicht bin, was ich aber brauche, um ganz zu sein und das in mir schlummernde Potenzial zu entfalten. Am besten passt demnach zu mir der oder die Fremde, Andere – denn bleibende, entwicklungsfähige Liebe lebt aus der Polarität, aus dem Widerspruch. Das Traumbild eines Wunschpartners wandelt sich deshalb so oft zum Alptraum, weil es uns zu ähnlich ist und verdeckt, wer oder was uns weiterbringt: das Unheimliche, Geheimnisvolle, Überraschende.

Aristophanes (450 – 380 v. Chr.)

Er war der Meister des Spotts, und keiner seiner Zeitgenossen konnte sich vor Aristophanes sicher wissen. Doch verband der größte Komödiendichter der Antike seine Lästereien stets mit Tiefsinn und kostbaren Weisheiten. So in seiner »Lysistrate«, einer Komödie, in der er die Athenerinnen ein Ende des Kriegs erzwingen lässt, indem sie einerseits ihre Männer erotisch aufreizen und sich ihnen gleichzeitig entziehen. So erweist sich der Spötter als Menschenfreund und Liebhaber des Lebens. Und als solchen hat Platon ihm in seinem Dialog »Symposium« ein zauberhaftes Denkmal gesetzt.

Man glaubt es kaum,
doch es gibt Ehen, die wirklich funktionieren.
Woran mag das liegen? Was ist das Geheimnis?
Wie gelingt eine gute Partnerschaft?

———•••••———

Manchmal findet man die klügsten Einsichten bei denen, die von der Materie eigentlich nichts verstehen. So auch in diesem Fall. Denn eines der treffendsten Worte über die Ehe stammt aus der Feder eines Mannes, der nie verheiratet war und auch sonst mit dem anderen Geschlecht seine liebe Not hatte: Friedrich Nietzsche. Der sagte: »Nicht der Mangel an Liebe, sondern der Mangel an Freundschaft macht unglückliche Ehen.« Da ist viel Wahres dran. Zumindest, wenn man Freundschaft im Sinne Nietzsches als eine Art Gespräch versteht: als immer neuen Austausch der Gedanken und Sichtweisen, als immer neues gemeinsames Ringen um Verständigung und Einverständnis, als immer neues Spiel von Auseinandersetzung und Vereinigung, getragen von dem Bewusstsein einer tiefen Verbundenheit, die alle Facetten des Lebens umfasst.

Einer, der das in wundervollen, lyrischen Worten beschrieben hat, ist Friedrich Schlegel, der Chefintellektuelle der Frühromantik. In seinem seinerzeit skandalumwitterten Roman »Lucinde« hat er ein prächtiges Loblied auf seine Ehefrau gesungen, die ihm »die zärtlichste Geliebte« sei und ebenso

»eine vollkommene Freundin«. Und weiter: »Durch alle Stufen der Menschheit gehst du mit mir von der ausgelassensten Sinnlichkeit bis zur geistigsten Geistigkeit.« Bei aller Romantik, die da mitschwingt: Hier sind wir dem Geheimnis gelingender Partnerschaften auf der Spur: ein offenes, lebendiges Gespräch – ein Gespräch der Körper und Seelen, der Gefühle und Gedanken; ein Gespräch, bei dem keiner je aufhört, dem anderen zuzuhören, sich von ihm in An-Spruch nehmen zu lassen; und bei dem keiner je aufhört, seine Antworten zu geben, seine Ver-Antwortung darin zu sehen, im Gespräch zu bleiben. Das lässt Beziehungen gelingen. Auch im Bett.

Friedrich Schlegel (1772 – 1829)

Friedrich Hölderlin warf ihm »kalte Frivolität« vor, und ganz unrecht hatte er damit wohl nicht. Denn Friedrich Schlegel gefiel sich durchaus in der Rolle als Enfant terrible. Dabei war er mit großen Geistesgaben ausgestattet und wurde zum intellektuellen Haupt der Jenaer Romantiker-Gilde, zu der der gebürtige Hannoveraner im Jahre 1796 gestoßen war. Drei Jahre später schrieb er seinen Roman »Lucinde« und verklärte darin seine Beziehung zu Dorothea Veit, mit der er in wilder Ehe lebte. 1805 heirateten die beiden dann aber doch – und blieben bis zu Schlegels Tod ein Paar.

Philosophen kennt man

ja eher als verklemmte Leute. Trotzdem geben sie auch Antworten auf die Frage: Was ist eigentlich guter Sex, und wie kommt man dazu?

———•••••———

Kurz vor seinem Tod soll der damals schon weit über 90-jährige britische Philosoph und Mathematiker Bertrand Russell in einem Interview gesagt haben, das wichtigste in seinem Leben sei zweierlei gewesen: »Mathematics and sex« – doch sei er sich sogleich ins Wort gefallen und habe ergänzt: »No, mathematics was not so important.«

Ob das Zitat authentisch ist, konnte ich nicht verifizieren, aber passen würde es schon zu einem Philosophen, der hart mit der prüden Sexualmoral seiner Zeit ins Gericht ging, für Empfängnisverhütung eintrat und darlegte, warum Sex zwischen Unverheirateten keineswegs unmoralisch ist; und der sich nicht zu sagen scheute, das Schlimmste an der christlichen Religion sei »ihre krankhafte und unnatürliche Einstellung zur Sexualität«.

Von diesem Autor kann man nun auch einiges darüber lernen, was guten Sex ausmacht, sagte er doch: »Jede Unwissenheit ist bedauerlich, aber Unwissenheit auf einem so wichtigen Gebiet wie der Sexualität ist eine ernste Gefahr.« Womit er sagen wollte: Guter Sex braucht Wissen und Bewusstheit. Wer Spaß im Bett haben will, sollte keine Geheimnisse voreinander haben, sollte sich auskennen mit dem anderen Geschlecht, sollte sich dabei nicht zieren und keine Tabus haben, aber auch ganz bei der Sache sein, achtsam und aufmerksam für den Partner. Vor allem aber braucht guter Sex einen Sinn fürs Spiel. Nichts ist im Bett verhängnisvoller als ein Übermaß an Ernsthaftigkeit und Leistungseifer. Erfahrene und bewusste Sexpartner erkennt man deshalb daran, dass sie auch mal übereinander lachen und im immer neuen Spiel von Geben und Nehmen jederzeit die Seiten wechseln können. Das setzt freilich voraus, dass sie vor dem Liebesspiel nicht nur ihre Klamotten abstreifen, sondern auch ihre Egozentrierung. Wer es nur um seiner Lust willen mit anderen treibt, wird nie erfahren, was guter Sex ist.

Bertrand Russell (1872 – 1970)

Seine eigentlichen Spezialgebiete waren die mathematische Logik und die Wissenschaftstheorie. Das öffentliche Interesse aber zog der englische Aristokratensohn mit seinen Schriften zur Sexualmoral auf sich. 1929 erschien sein Buch »Marriage and Morals« (Ehe und Moral), für das er – vor allem in den USA – scharf kritisiert wurde. Das ging so weit, das ihm eine Universität in New York 1940 die Lehrerlaubnis entzog. Dennoch erhielt er 1950 den Literaturnobelpreis. Russells Liebesleben war – in vier Ehen und so manchen Affären – nicht immer glücklich.

Fremdgehen kommt in vielen

Beziehungen vor – und lässt sie häufig scheitern.
Muss das so sein? Kann und darf man
nicht mehrere Menschen gleichzeitig lieben?

Ja, man kann; ja, man darf. Und nicht nur das: Man sollte sogar. Das jedenfalls lehrt eine weise Frau: Diotima von Mantineia. Sie war in der Antike eine hoch angesehene Priesterin und Heilerin; und sie war die Lehrerin des Sokrates. Von ihr, so verrät der Philosoph einmal, habe er die höchsten Weihen des Eros erhalten. Sie habe ihn gelehrt, was es mit der Liebe auf sich hat. Und da Sokrates in Platons Dialog »Symposium« ein bedeutendes Lehrstück seiner Meisterin zitiert, ist der Nachwelt die Liebes-Weisheit Diotimas erhalten geblieben.

Das Herzstück ihrer Philosophie der Liebe ist die Idee einer Art Reifungsprozess des Eros. Eros, das ist für Diotima – wie für alle antiken Griechen –, die leidenschaftliche, hingebungsvolle Liebe. Eros ist das Feuerwerk der Verliebtheit, das Hingerissen- und Ergriffensein von einem geliebten Menschen. Er ist ein Widerfahrnis, das über den Menschen kommt wie ein Sturmwind und ihn über sich hinausträgt hin zum Geliebten, zur Angebeteten. Aber dabei bleibt es nicht: Eros trägt den Menschen weiter, öffnet das Herz auch für andere Menschen, für die Umwelt, die Natur. Ja, er bringt es am Ende so weit, dass wir uns in die Welt und das Leben im Ganzen verlieben – ein Zustand, den jeder kennt, der im Überschwang des Liebesglücks einmal fühlte: »Ich kann die ganze Welt umarmen!«

Und das schließt andere Menschen ein. »Am Anfang verlieben wir uns in nur einen schönen Körper«, erklärt Diotima. Doch im Laufe der Zeit entdecken wir, dass es auch andere schöne Leiber gibt; und dass in diesen schönen Leibern schöne und liebenswerte Seelen wohnen. Und sie lässt keinen Zweifel daran, dass es töricht wäre, sich von diesen schönen und liebenswerten Leibern und Seelen nicht hinreißen zu lassen. Nur kommt es darauf an, dass wir ihnen mit einem gereiften, erwachsenen Eros begegnen – einer Liebe, die sich freigemacht hat davon, die Objekte unserer Liebe in unseren Besitz bringen zu müssen.

Der Reifungsweg des Eros führt nach Diotimas Weisheit in eine andere Richtung: Je größer das Herz, je reifer die Liebe, je erwachsener der Eros – desto weniger Drang zu besitzen, zu haben, zu klammern. Der Weg der Liebe ist ein Weg in die Freiheit – und je weiter ein Mensch auf ihm voranschreitet, desto unbefangener wird er sein Herz verschenken können. Problematisch ist das nur dann, wenn mit der Verliebtheit das Bedürfnis einhergeht, den oder die Geliebte in einer Partnerschaft an sich zu binden. Wo das der Fall ist (also leider fast immer), regiert ein lästiges Ego statt des leichten Eros.

Liebe und Partnerschaft

Das heißt: Wenn Sie in einer Beziehung leben und sich in einen anderen Menschen verlieben, dann sollten Sie sich prüfen: Können Sie diesen Menschen lieben, auch wenn Sie nie Sex oder gar eine Partnerschaft mit ihm haben werden? Können Sie ihm in Freiheit begegnen und auch ihm alle Freiheit lassen, zu kommen und zu gehen? Und wird er Ihnen mit der gleichen reifen Liebe begegnen? Wenn das der Fall ist, dann können Sie – mit Diotimas Segen – Ihrer Liebe zu diesem Menschen freien Lauf lassen. Denn dann werden Sie Ihrer Liebe Ausdruck verleihen können, ohne Ihrem Partner fremdzugehen. Und tun Sie es doch – dann ist die Zeit noch nicht reif für den fortgeschrittenen Eros.

Diotima von Mantineia
(5. Jahrhundert v. Chr.)

Man weiß nicht, ob es sie wirklich gab oder ob Diotima eine Erfindung Platons ist. Denn außer der in seinem »Symposion« zitierten Reden gibt es kein zuverlässiges Zeugnis, das die Existenz dieser als Priesterin und Heilerin vorgestellten Frau verbürgt. Doch sind die Informationen, die Platon von ihr gibt, so detailliert, dass es gute Gründe dafür gibt, in ihr eine historische Person zu vermuten. Und ist es nicht wunderbar zu wissen, dass Sokrates und Platon, die größten Philosophen der europäische Geschichte, bei einer Frau in die Lehre gegangen sind?

Freundschaft und Gemeinschaft

Seelenverwandt, doch trotzdem streitbar

Die schönste Form menschlicher Gemeinschaft ist die Freundschaft. Doch gute Freundschaft will gelernt sein. Wer mit anderen gut Freund sein will, muss lernen, sich selbst nicht zu wichtig zu nehmen.

•••••

Menschen sind nicht gern allein. Wir alle sehnen uns nach Gemeinschaft – und es macht uns glücklich, wenn wir mit anderen auf eine gute Weise klarkommen. Deshalb haben sich die Philosophen vielfältige Gedanken darüber gemacht, wie ein gemeinschaftliches Leben gelingen kann. Als schönste Form der Gemeinschaft haben sie dabei immer wieder die Freundschaft gefeiert: Gute Freunde haben ein echtes gegenseitiges Interesse aneinander, sie begeistern sich für gemeinsame Visionen, sie haben keine Geheimnisse voreinander, können einander vertrauen und fühlen eine tiefe Verbundenheit. Ja, sie können auch miteinander streiten und Konflikte austragen, ohne einander zu verletzen. Die beste Gemeinschaft, meinten deshalb die antiken Denker, wäre ein Volk von Freunden.

Es gibt Leute,

die sind stolz darauf, 714 Facebook-Freunde zu haben. Wenn man näher hinschaut, fühlen sie sich aber trotzdem allein. Echte Freundschaften sehen anders aus. Woran kann man sie erkennen?

Hier handelt es sich um einen Etikettenschwindel, denn es ist irreführend, Facebook-Bekanntschaften »Freunde« zu nennen. Mal im Ernst: Was hat es noch mit Freundschaft zu tun, wenn mich jemand fragt, ob ich sein 14 236. Freund sein möchte? Da wird die ganze Sache absurd, oder?

Eigentlich könnte man ja darüber lachen: 14 236 Freunde, hahaha, nicht zu fassen! Aber da bleibt einem das Lachen auch schon im Halse stecken. Denn es scheint, dass viele Menschen den Schwindel gar nicht bemerken und glauben, sie seien tatsächlich umgeben von einem Netz guter Freunde – auch, wenn sie diese noch nie gesehen, geschweige denn je ein persönliches Wort mit ihnen gesprochen haben. Und so sammeln sie munter Freunde, so wie wir als Kinder Fußballbilder in bunten Alben gesammelt haben. Seien wir ehrlich: Facebook-Freundschaften sind keine Freundschaften. Sie sind bestenfalls Bekanntschaften, so wie man eben Leute »Bekannte« nennt, die man flüchtig kennt. Mit Freundschaft hat das nichts zu tun.

Freundschaft und Gemeinschaft

Freundschaften werden nicht per Mausklick geschlossen. Aber wie dann? Der Philosoph Aristoteles hat einen schönen Gedanken dazu. Er sagt: Freundschaft entsteht durch eine geteilte Leidenschaft; oder eine geteilte Begeisterung. Also: Zwei Leute sind leidenschaftliche Skatspieler – ist nur ein Beispiel –, also sind sie Skatfreunde. Andere teilen die Begeisterung fürs Joggen, sie sind Sportsfreunde; wieder andere betreiben zusammen ein Geschäft. Das sind dann Geschäftsfreunde.

Die besten Freunde jedoch, sagt Aristoteles, sind solche, die sich gemeinsam für das Wahre und Gute begeistern: Menschen, die sich wechselseitig darin unterstützen, glücklich zu werden, Erfüllung zu finden, Sinn zu entdecken. Menschen, die Freude daran haben, wenn es dem anderen gut geht. Solche Menschen sind wirklich verbunden – durch ihre geteilte Liebe zum Guten, Wahren und Schönen, das sie in ihrem Freund auf eine einmalige Weise verkörpert und repräsentiert sehen.

Nun lässt Aristoteles keinen Zweifel daran, dass diese Art von Freundschaft einen dauerhaften persönlichen Umgang miteinander erfordert. Es bedarf, so sagt er, »der Zeit und der Gewohnheit des Zusammenlebens«, denn man könne »nicht eher aneinander Gefallen finden und Freundschaft schließen, als man sich einander als liebenswert erwiesen und bewährt hat«. Und es folgt ein Satz, den sich alle diejenigen, die stolz auf ihre Facebook-

»Freundschaften« sind, merken sollten: »Die sich schnell auf freundschaftlichen Fuß miteinander stellen, wollen wohl Freunde sein, sind es aber nicht, wenn sie nicht zugleich auch liebenswert sind und das voneinander wissen. Denn nur der Entschluss zur Freundschaft, nicht die Freundschaft, kommt schnell zustande.«

Darum geht's: Freundschaften, die ihren Namen verdienen, leben von einer Haltung des wechselseitigen Wohlwollens, die nur durch den regelmäßigen Umgang und die Gewohnheit entsteht. Das gibt einer Freundschaft ein solides Fundament, während Facebook-Freundschaften meist flach bleiben – so flach wie die Benutzeroberfläche des Laptops, auf dem sie geschlossen werden.

Aristoteles (384 – 322 v. Chr.)

Von seinen Studienkollegen wurde er spöttisch »Nous« genannt – was auf Deutsch so viel wie »Geist« heißt. Aristoteles war also so etwas wie der Klassenprimus in der Schule seines Meisters Platon. Und er setzte später alles daran, seinen Lehrer zu überbieten. Eines seiner bedeutendsten Bücher heißt »Nikomachische Ethik«, weil es einem jungen Mann namens Nikomachos gewidmet ist. In diesem Buch stellt er ausführliche Reflexionen darüber an, was eigentlich unser Leben gelingen lässt. Und in dem Zusammenhang geht er darauf ein, was es mit der Freundschaft auf sich hat.

Der liebsten Freundin

oder dem liebsten Freund möchte man sich ja eigentlich mitteilen. Trotzdem haben wir alle Dinge, über die wir nicht so gern reden. Dürfen Freunde Geheimnisse voreinander haben?

Wen wollen wir dazu befragen? Vielleicht einen alten Römer, denn die Römer hatten ein sehr hohes Ideal von Freundschaft. Kein Wunder, denn zu ihrer Zeit war das Leben gefährlicher als heute und man war in viel größerem Maße darauf angewiesen, Menschen zu kennen, auf die man sich wirklich verlassen, denen man sich wirklich anvertrauen konnte – auf Freunde eben, denn wer einem nicht hundertprozentig zuverlässig erschien, konnte unmöglich jemandes Freund oder Freundin sein.

So nimmt es nicht wunder, dass der große römische Philosoph, Politiker und Schriftsteller Seneca seinem jungen Schutzbefohlenen Lucilius so eindringlich ans Herz legte: »Lange überlege, ob du mit jemandem einen Freundschaftsbund schließen willst«, denn nur der sei zur Freundschaft tauglich, dem man genauso vertrauen könne wie sich selbst. Deshalb ist es in Senecas Augen auch ein untrügliches Kennzeichen für die Haltbarkeit und Stabilität von Freundschaften, dass Freunde keine Geheimnisse voreinander haben. »Teile mit dem Freund alle Deine Sorgen und alle Deine Gedanken!«, schreibt er dem Lucilius und hängt die rhetorische Frage an: »Warum sollte ich irgendwelche Worte in Anwesenheit des Freundes zurückziehen?«

Damit will er offenbar sagen, dass Freunde einander wie eine Art Spiegel der eigenen Seele sind. Mit einem Freund zu reden, das ist wie ein Selbstgespräch, das einem dabei hilft, größere Klarheit über sich selbst zu gewinnen; und das einen dazu ermutigt, sich selbst in die Augen schauen zu können. Freunde sind so gesehen beinahe Therapeuten – gerade dann, wenn sie uns daran hindern, Geheimnisse zu haben. Deshalb sind wir tatsächlich gut beraten, bei der Wahl unserer Freunde die Frage zum Kriterium zu machen, ob wir uns ihnen ohne Wenn und Aber anvertrauen möchten.

Lucius Annaeus Seneca (1–65)

Geboren wurde er in Spanien, doch war er ein Römer durch und durch. Wie wenig andere hat Seneca den Geist des alten Rom zur Sprache gebracht und in Essays, Theaterstücken, Briefen seinen Zeitgenossen die Werte und Tugenden des römischen Geistes nahegelegt. So nimmt es nicht wunder, dass er der meistgelesene Autor seiner Zeit war. Nur einer wollte nicht auf ihn hören – ausgerechnet sein prominentester Schüler, der spätere Kaiser Nero, verschloss sich den Worten seines Lehrers und nötigte diesen zum Freitod, als er ihm zu unbequem wurde.

Männer pflegen
Männerfreundschaften, Frauen haben ihre Busenfreundinnen. Und wie steht es um tiefe Freundschaften zwischen Mann und Frau?

———•••••———

Dafür müssen wir uns erst einmal fragen, was es eigentlich mit einer tiefen Freundschaft auf sich hat; worin sie sich von einer weniger tiefen Freundschaft unterscheidet. Man findet dazu einen schönen Gedanken bei dem Renaissancephilosophen Michel de Montaigne. Er schreibt: »Was wir gewöhnlich Freundschaft nennen«, ist »eigentlich nur Bekanntschaft. In derjenigen Freundschaft, wovon ich rede, schmelzen die Freunde sich solchergestalt ineinander, dass ein so durchaus Zusammengesetztes daraus wird, dass auch die Spur der Naht davon verschwindet, welche sie aneinandergeheftet hat.«
Wer das liest, denkt zunächst an eine Liebesbeziehung, aber das ist nicht, worum es Montaigne geht. Eher entspricht sein Ideal von Freundschaft demjenigen, was wir im Deutschen eine »Seelenverwandtschaft« nennen. Das jedenfalls scheint der passende Name für etwas, das Montaigne von seinem Freund berichtet: »Wir suchten uns, bevor wir uns noch gesehen hatten, und zwar durch Ähnlichkeiten in der Gemütsstimmung.«
Wohl ist es eine Männerfreundschaft, die Montaigne hier beschreibt – aber das heißt nicht, dass

47

so etwas nicht auch zwischen Männern und Frauen anzutreffen ist. Denn auch hier gibt es diese Begegnungen, bei denen die Betroffenen das Gefühl haben, sie seien sich schon in einem früheren Leben begegnet, hätten sich schon immer gekannt. Man fühlt sich aufs innigste verbunden, doch ist diese Verbundenheit anders als in der erotischen Liebe. Es ist eine Resonanz der Seelen, die sich damit bescheiden kann, den oder die andere zu sehen, miteinander zu reden, sich aneinander zu erfreuen. Montaigne meinte, dass solche Freundschaften eine gewisse Reife voraussetzen, die sich erst einstellt, wenn das sexuelle Begehren und das Bedürfnis nach partnerschaftlicher Nähe nachgelassen haben. Dann erst kann diese Resonanz der Seelen frei schwingen.

Michel de Montaigne
(1533 – 1592)

Nichts liebte er so sehr wie seine Bücher. Ihnen, so sagte Michel de Montaigne, verdanke er seine ganze Bildung. Und die war außerordentlich. So sehr, dass seine Lehrer ihn fürchteten, weil er besser Lateinisch und Griechisch konnte als sie. Nachdem er sich mehr oder weniger glücklos als Bürgermeister und Gerichtsrat versucht hatte, zog er sich im Alter in die Bibliothek seines Schlosses zurück, um dort an seinen »Essays« zu arbeiten. Mit diesen Betrachtungen hat Montaigne ein Stück Weltliteratur geschaffen.

Irgendwie redet man uns immer ein, Konflikte sollten vermieden werden. Aber stimmt das auch? Darf man nicht auch mal miteinander streiten?

Schon der Philosoph Heraklit lehrte, der Streit sei der Vater aller Dinge und deshalb auch begrüßenswert. Eine richtig große Sache hat Jahrhunderte später Georg Wilhelm Friedrich Hegel draus gemacht. Hegel war einer dieser schwäbischen Philosophen, die sich um das Jahr 1800 herum den Kopf darüber zerbrachen, wie eine bessere Welt möglich ist. Sie hatten mit angesehen, wie die alte Welt des Absolutismus von der Französischen Revolution weggefegt wurde, bevor dann mit Napoleon ein neuer Monarch ganz Europa unter seine Fuchtel brachte. Da konnte man sich schon mal fragen, wie die Geschichte eigentlich funktioniert – und worauf das alles hinauswill.

Die Antwort, die Hegel für sich fand, war: Die Weltgeschichte ist eine Geschichte des Geistes – es geht in ihr um immer mehr Bewusstsein; darum, dass sich der alles durchdringende Weltgeist seiner selbst bewusst wird. Dazu verwendet der Weltgeist eine eigentümliche Methode, die Dialektik: Man hat eine bestimmte Annahme, eine Sichtweise oder einfach nur einen Tatbestand; etwas, das gesetzt ist – auf Griechisch heißt das These. Und nun kommt eine andere Sichtweise dazu. Oder eine andere Tatsache, die im Widerspruch zu der ersten steht – eine Antithese. Es gibt folglich eine Auseinandersetzung zwischen den Vertretern von These und Antithese. Das führt am Ende dazu, dass sich auf einer neuen, höheren Ebene eine »Synthese« bildet, also eine neue Sichtweise, neue Gesetze oder neue Verhältnisse, die nur aus dem Konflikt von These und Antithese hervorgehen konnten. Es sind also Streitigkeiten und Konflikte, die die Geschichte voranbringen und gute, kreative Lösungen freisetzen – vorausgesetzt die Streitenden bemühen sich genau darum.

Georg Wilhelm Friedrich Hegel (1770 – 1831)

Die einen bewundern Hegel dafür, dass er sich anschickte, die gesamte Wirklichkeit in das feine Koordinatensystem seiner Philosophie einzuzeichnen, die anderen verlachen ihn ob seines Wagemutes, eine Theorie von allem vorzulegen. Schon die Generation seiner Schüler war gespalten: Die Linkshegelianer wie Karl Marx und Friedrich Engels wurden zu den Ahnherren des Kommunismus, die Rechtshegelianer verehrten in ihm den Denker des preußischen Bürgertums. Dabei war er von Hause aus Schwabe und soll seine Berliner Studenten damit irritiert haben, dass er stets »Geischt« sagte statt »Geist«.

Reicht es für eine gute Freundschaft, wenn man sich gegenseitig gern hat, oder muss nicht auch eine gewisse Disziplin dazukommen, um eine Freundschaft aufrechtzuerhalten?

———•••••———

Manch einer hat in der Schule vielleicht noch das Gedicht »Die Bürgschaft« von Friedrich Schiller gelesen – eine Hymne auf die Freundschaft, die davon erzählt, dass der Freiheitskämpfer Damon bei dem Versuch eines Attentates auf den Tyrannen Dionys ertappt und von diesem umgehend zum Tode verurteilt wird. Doch Damon bittet um Aufschub, um vor seinem Dahinscheiden noch eine Hochzeit zu arrangieren, und überlässt dem »Wüterich« seinen Freund als Geisel bis zur eigenen Rückkehr.

Na ja, und dann stellen sich dem armen Damon Tausend Hindernisse in den Weg, die ihn davon abhalten, innerhalb der gesetzten Frist den Freund auszulösen und an seiner statt die verordnete Strafe zu erleiden. Und da zeigt Schiller auf wundervolle Weise, wie Liebe und Disziplin, Gefühl und Wille in dem verzweifelten Damon zusammenwirken und sich als eigentliche Essenz dieser Freundschaft bewähren. Ja, als der Freund schon zum Richtplatz geführt wird, lässt er seinen Damon rufen:

»Des rühme der blut'ge Tyrann sich nicht, / daß der Freund dem Freunde gebrochen die Pflicht, /

Er schlachte der Opfer zweie / Und glaube an Liebe und Treue!«

Damit bewegt sich Schiller im Gefolge eines anderen, von ihm hochverehrten, aber auch kritisierten Philosophen: Immanuel Kant. Der hatte wenige Jahre zuvor eine Theorie der Freundschaft aufgestellt, die Freundschaft ganz und gar zu einer Sache der moralischen Disziplin und Pflichterfüllung machte. Kant definierte die Freundschaft als »die Vereinigung zweier Personen durch gleiche wechselseitige Liebe und Achtung« und fügte hinzu, dass es sich dabei um ein »Ideal der Teilnehmung und Mitteilung an dem Wohl eines jeden dieser durch den moralisch guten Willen Vereinigten« handelt – ein Ideal, das in der Realität kaum je verwirklicht sein würde und deshalb vor allem als eine Forderung angesehen werden müsse, eine jedem fühlenden und denken Wesen »von der Vernunft aufgegebene … ehrenvolle Pflicht«.

Gefühle spielen für Kant in einer Freundschaft mithin eine eher untergeordnete Rolle. Liebe? Ist nicht verkehrt, als Fundament einer Freundschaft im Stile der Bürgschaft, aber zu schwach, solange nicht der entschiedene Wille zur Freundschaft und das Pflichtgefühl hinzukommen.

Gewiss ein hohes Ideal, und doch gebiete es – so Kant – die Vernunft, sich wenigstens an ihm zu orientieren, weil ohne den moralischen Willen zur Freundschaft der Mensch seinem Wesenszug als ein »für die Gesellschaft bestimmtes Wesen« kaum je Rechnung tragen könnte.

Auch wenn wir heute nicht gern von Pflicht und Disziplin hören, scheint Kant doch recht zu haben: Wie viele Freundschaften sind auf der Strecke geblieben, weil wir nicht die Disziplin aufbrachten, sie zu pflegen und zu hegen?! Freundschaft muss man immer auch wollen, und das ist manchmal anstrengend. Neigung allein reicht da oft nicht aus, es muss schon ein gutes Stück Pflichtgefühl hinzukommen. Wobei dieses Pflichtgefühl aber auch nur wenig Nachhaltigkeit haben dürfte, wenn es nicht in einem liebenden Herzen verwurzelt ist – so wie bei Damon, dem Helden der Freundschaft.

Immanuel Kant (1724–1804)

Er war der größte Denker der Aufklärung. Und er hat wie kein anderer deren Geist auf den Begriff gebracht: »Sapere aude! Wage es, dich deines Verstandes zu bedienen!« war sein Slogan, und tatsächlich hat Immanuel Kant sein Lebenswerk der Erforschung und Durchdringung des Verstandes gewidmet. Er warb für ein Leben, das von vernünftigen Grundsätzen geleitet wird. Manchmal scheint dabei das preußische Pflichtbewusstsein mit dem Königsberger durchzugehen, aber seine Zeitgenossen berichten doch, dass er ein geselliger Mensch gewesen sei, der sich vor allem bei Tisch als guter Gastgeber hervortat.

»Geiz ist geil« – dieser Slogan

macht heute die Runde. Aber stimmt das? Macht es nicht viel mehr Freude, anderen aus freien Stücken etwas zu geben?

Ganz klar: Geiz ist nicht geil. Geiz ist ätzend. Warum? Weil Geiz die Seele kaputt macht. Irgendjemand hat mal gesagt: Geiz ist der Krebs der Seele. Das trifft's genau. Wir wissen aus der medizinischen Forschung, dass Krebs eine Kommunikationsstörung ist: Eine Zelle verliert den Kontakt zu den anderen und wächst munter drauflos, ohne nach links oder rechts zu gucken. Sie spaltet sich ab vom Rest des Körpers und glaubt, nur für sich existieren zu können. Stimmt aber nicht. Wenn man ihr nicht Einhalt gebietet, geht sie am Ende zusammen mit dem Körper drauf.

Genauso ist es mit dem Geiz. Geizige spalten sich ab. Sie lassen sich nichts geben und sie lassen sich nichts nehmen. Sie verlieren den Kontakt zu ihrem Umfeld, isolieren sich. Und zerstören am Ende die Gesellschaft. Das ist fatal, vor allem für sie selbst. Denn Menschen sind Beziehungswesen. Unsere Identität hängt daran, dass wir mit anderen im Austausch sind. Leben ist Geben und Nehmen. Aber die meisten sind nur gut im Nehmen. Die einst angesehene Tugend der Freigebigkeit ist weitgehend in Vergessenheit geraten.

Freundschaft und Gemeinschaft

In Antike und Mittelalter stand sie noch hoch im Kurs. Thomas von Aquin etwa, der große Theologe des 13. Jahrhunderts, erklärte sie zum Kennzeichen einer großen und weiten Seele. Wer freigebig mit seiner Habe umgeht, so meinte er, »zeigt, dass sein Herz frei von Anhaftung ist«. Es sei ein Zeichen innerer Reife und Souveränität, wenn man gar nicht anders kann, als andere zu beschenken. Und wenn es ein Bettler auf der Straße ist.

Und wie ist es um Ihre Freigebigkeit bestellt? Wenn Sie einen Bettler sehen, greifen Sie zur Geldbörse, oder denken Sie: »Hm, der ist bestimmt von irgendeiner Bande geschickt, dem geb ich besser nichts«? Selbst wenn Sie recht haben, was soll's? In Not ist er trotzdem. Und wegen einem Euro brechen Sie sich auch keinen Zacken aus der Krone. Oder finden Sie Geiz doch geil?

Thomas von Aquin (1225 – 1274)

Er war der führende Denker des Mittelalters, der mit seiner »Summe der Theologie« eine Kathedrale des Geistes errichtete. Aber Thomas von Aquin war auch Italiener. Er liebte gutes Essen und war bei aller Wertschätzung für das freie Geben doch auch gut im Nehmen: im Zunehmen. Es heißt, man habe in sein Schreibbord eine Ausbuchtung schneiden müssen, um seiner Leibesfülle Raum zu geben. Ein gewichtiger Denker – in jeder Hinsicht.

Arbeit und Beruf

Selbstverwirklichung durch Dienst am Leben

*Die meiste Zeit unseres wachen Lebens
verwenden wir auf unsere Arbeit.
Aber nicht immer macht sie uns glücklich.
Erst wenn unser Beruf unserer
Berufung entspricht, können wir mit
Freude tätig sein.*

·····

Ist es nicht alarmierend? Immer mehr Menschen leiden unter ihrer Arbeit. Sie fühlen sich ihren Aufgaben nicht mehr gewachsen und brennen innerlich aus. Oft hat das damit zu tun, dass sie ihr Tun nicht als sinnvoll erleben. Das kann verschiedene Gründe haben. Manche machen einen Job, um Geld zu verdienen, aber dieser Job entspricht gar nicht ihrer Persönlichkeit. Andere laufen einem Ideal hinterher, das in Wahrheit überhaupt nicht zu ihnen passt oder sie krank macht. Egal, ob einfacher Job oder zielstrebig verfolgte Karriere: Für ein erfülltes Berufsleben kommt es entscheidend darauf an, mit vollem Herzen bei der Arbeit sein zu können und einer Tätigkeit nachzugehen, mit der wir uns wirklich identifizieren können.

Erschöpfung, Burnout,

Depression. Immer mehr Menschen leiden unter ihrer Arbeit – und deren Folgen. Wie kann man sich davor schützen?

Wenn Menschen unter ihrer Arbeit leiden, hat das meist damit zu tun, dass sie bestimmten Konzepten oder Idealen aufsitzen – Selbstbildern, die sie niemals verwirklichen können und die deshalb zerstörerisch wirken. Wenn etwa Frauen mittleren Alters meinen, sie müssten gleichzeitig Top-Karriere-Frauen und Supermütter sein, eine Traumfigur haben und einen attraktiven Partner an sich binden, dann darf man nicht überrascht sein, wenn sie unter der Last all dieser Ideen irgendwann in die Knie gehen.

Burnout ist so gesehen der Sonderfall einer Symptomatik, die der Philosoph Sören Kierkegaard schon im 19. Jahrhundert diagnostizierte: Die »Krankheit zum Tode« bestehe darin, entweder verzweifelt man selbst sein zu wollen – oder verzweifelt nicht man selbst sein zu wollen. Dahinter steckt die Überzeugung, jeder Mensch trage so etwas wie einen individuellen Persönlichkeitskern in sich, den man nicht geschaffen oder gemacht hat, sondern der einem gleichsam in die Wiege gelegt wurde. Und ein gesundes, heiles Leben zeige sich daran, dass man diesem Wesenskern gemäß lebt.

Arbeit und Beruf

Man könnte hier auch von Berufung reden: Der eine ist zum Bäcker berufen, die andere zur Anwältin. Wenn nun der eine partout Rechtsanwalt, die andere Bäckerin sein möchte, werden beide zerbrechen. Burnout als Symptom der »Krankheit zum Tode« ist die Konsequenz aus einer Unstimmigkeit zwischen dem, was man ist, und dem, was man sein möchte; eine Unstimmigkeit, die heute weit verbreitet ist, weil wir alle Opfer einer Propaganda sind, die uns mörderische Ideale und Konzepte verkauft. Schützen kann man sich davor nur, indem man auf die innere Stimme lauscht: die Stimme der Seele, die uns unablässig zu uns selbst ruft – und die uns, wenn nötig, die große Erschöpfung schickt, damit wir endlich maßvoll und stimmig leben.

Sören Kierkegaard (1813 – 1855)

Verzweifelt war er selbst. Und als ein Schlaganfall seinem Leben ein Ende bereitete, war Kierkegaard erst 42 Jahre alt. Es scheint, dass er seinem Leben nicht gewachsen war. Vor allem eine Liebesgeschichte hat ihm schwer zu schaffen gemacht. Im Frühjahr 1837 hatte er sich in die erst 14-jährige Regine Ohlsen verliebt. Drei Jahre später verlobten sie sich, doch schon bald zweifelte er daran, seine Verlobte auch glücklich machen zu können. Ein Jahr später trennte er sich von ihr – nach einer Zeit, von der er später sagte, dass er in ihr »unbeschreiblich gelitten« habe.

Schwierige Entscheidung:
Der eine Job verheißt mir ein gutes Einkommen, der andere mehr Freizeit. Wie finde ich die Arbeit, die zu mir passt?

Bei Lichte besehen lautet die Frage: Wie finde ich heraus, wer ich eigentlich bin? Was ist meine Berufung und nicht einfach nur mein Beruf? Es ist die Frage nach der eigenen Identität, zu der nun mal nicht jeder beliebige Job passt. Deshalb steht vor der Frage nach der passenden Arbeit die Frage: Wer bin ich? Doch darauf eine Antwort zu finden, ist nicht leicht.

Versuchen wir es deshalb lieber mit einer anderen Frage: Fragen wir danach, wer mir eine Antwort auf die Frage nach meiner Berufung geben könnte. – Ich selbst? – Oder brauche ich dafür womöglich jemand anderen? Brauche ich dafür ein Du? Dass es sich genau so verhält, ist eine der tiefen Einsichten des jüdischen Religionsphilosophen Martin Buber. Er hat in seinem 1929 erschienen Buch »Ich und Du« dargelegt, dass sich das menschliche Ich, unsere Identität, immer nur im Verhältnis zu einem Du herausbildet – dass es die Frucht eines Gesprächs mit anderen ist, die umso besser wächst und gedeiht, je mehr wir uns durch andere berühren, bewegen und begeistern lassen. »Der Mensch wird am Du zum Ich«, sagt Buber und erklärt: Was wir wirklich sind, ist unsere

Arbeit und Beruf

»Person«. Was wir zu sein meinen, was aber letztlich nur eine Illusion ist, das ist unser »Eigenwesen«. »Eigenwesen erscheint, indem es sich gegen andere Eigenwesen absetzt. Person erscheint, indem sie zu anderen Personen in Beziehung tritt.« Das heißt, dass wir nur dann zu unserem wahren Wesen und zu unserer Berufung finden, wenn wir in einem lebendigen Austausch mit unseren Mitmenschen und unserer Umwelt schwingen.

Bei der Suche nach unserer Berufung ist deshalb nichts verhängnisvoller, als uns von anderen nichts mehr sagen zu lassen, nichts kontraproduktiver als eine fixe Idee, die von nichts und niemandem infrage gestellt werden darf. In Wahrheit verdanken sich die schönsten Karrieren niemals dem konsequenten Umsetzen eines Karriereplans, sondern unerwarteten Zufällen – Geschenken, die das Leben uns macht.

Martin Buber (1878 – 1965)

Er war einer der großen jüdischen Gelehrten des 20. Jahrhunderts. In seiner Jugend hatte Martin Buber die Tradition der jüdischen Mystik der Chassidim kennengelernt und mit großer Begeisterung deren Weisheitsgeschichten gesammelt. Später wagte er sich gemeinsam mit Franz Rosenzweig an eine sprachgewaltige Neuübersetzung des Alten Testaments. Sein Hauptwerk aber ist sein religionsphilosophisches Buch »Ich und Du«.

In fast jedem Unternehmen

findet man Einzelkämpfer und Teamplayer. Meistens braucht es beide, um erfolgreich zu sein. Trotzdem scheinen die Teamplayer besonders wichtig. Warum eigentlich?

Hier können wir nun endlich einmal Goethe zu Wort kommen lassen. Der war nämlich beides: als Dichter war er ein Einzelkämpfer, der wusste, dass er nur im Alleingang zu literarischen Höchstleistungen finden konnte – als Politiker aber ein Teamplayer, der großen Wert auf Zusammenarbeit legte: »Es ist nicht gut, dass der Mensch alleine sei, und besonders nicht, dass er alleine arbeite«, sagte er, »vielmehr bedarf er der Teilnahme und Anregung, wenn etwas gelingen soll.«

Warum ist das so? Eine mögliche Antwort lautet: Weil ein Team mehr ist als bloß die Summe seiner Teile. Wo mehrere Menschen ihre Intelligenz und Energie auf eine gemeinsame Frage konzentrieren, öffnen sie einen Raum, in dem Neues und Unerwartetes entstehen können. Offenbar ist es gerade das Zusammentreffen von unterschiedlichen, ja oft sogar einander widersprechenden Positionen und Sichtweisen, aus dem neue Erkenntnisse gewonnen werden können. Energie erwächst aus Polarität und Differenz – das lehrt nicht nur die Physik, sondern auch das Leben.

Arbeit und Beruf

Das setzt aber voraus, dass die Beteiligten bereit sind, sich aufeinander einzulassen. Dafür bedarf es einer klugen, ja weisen Führung, die die Stimmen aller Beteiligten so arrangiert, dass etwas Stimmiges dabei herauskommt; ganz wie bei einem Orchester mit seinem Dirigenten, das umso schöner klingt, je mehr es die unterschiedlichen Klänge zu einem stimmigen Ganzen integriert. Wenn das der Fall ist, dann haben alle Spaß an der Arbeit: Dann sind alle begeistert, dann stellen alle ihre Energie in den Dienst des Ganzen. Das heißt nicht, dass sich der eine oder andere nicht wieder in seine Sphäre zurückziehen darf, um kreativ zu sein – aber er wird nur dann Höchstleistungen erbringen, wenn er vorher im Gespräch mit anderen war.

Johann Wolfgang von Goethe (1749 – 1832)

Was soll man noch über Goethe sagen? Dass er ein großer Dichter war, ist bekannt; dass er die Frauen liebte, auch. Interessant ist vielleicht noch, dass er ein Mann der Tat war. Alles Nur-Theoretische war ihm zuwider. Und was ihn umtrieb, waren die Geschehnisse seiner Zeit. Dabei ist er überraschend modern, ja prophetisch. So sagte er voraus, welche Probleme die Menschheit sich durch ihre Obsession für Technik und Mobilität einhandeln würde – und wie existenzbedrohlich die Geldwirtschaft ist.

Jeden Tag die gleichen

Handgriffe, der gleiche Trott. Wer möchte nicht gern mal Griffel oder Kochlöffel hinwerfen oder gar den Job kündigen? Muss die Arbeit wirklich zur Tretmühle werden?

———•••••———

Arbeit ist zäh. Das liegt in ihrem Wesen. Ebenso, dass sie niemals aufhört. Zumindest nicht, solange wir leben. Denn solange wir leben, müssen wir uns ernähren, waschen, den Körper pflegen, unseren Lebensraum sauber halten, die Kinder erziehen – alles Arbeiten, die allein deshalb gemacht werden müssen, weil wir am Leben sind. Die Philosophin Hannah Arendt hat das in ihrem Buch »Vita Activa« auf den Begriff gebracht, wo sie feststellt, die Arbeit sei so etwas wie die Verlängerung des Stoffwechsels – ein Vorgang und eine Notwendigkeit, die zu unserer natürlichen Grundausstattung gehören. Deshalb ist auch nichts schlecht an Arbeit – vor allem nicht an den klassischen Arbeitsformen: Landwirtschaft, Lebensmittelzubereitung, Körperpflege, Hausarbeit, Erziehung, Pflege …

Nur sind das genau die Arbeiten, die heute am wenigsten angesehen sind, denen wir möglichst entkommen wollen und die wir am liebsten delegieren – an die Ehefrau, die Putzhilfe aus der Ukraine, die Pflegerin aus Rumänien, den Erntehelfer aus Polen. Und so notwendig sie sind, so schlecht bezahlt werden sie auch. Denn wir haben ein anderes Ideal von Arbeit: Wert hat für uns nur die Arbeit, die uns Erfüllung, Selbstverwirklichung und Sinn verspricht oder wenigstens viel Geld in Aussicht stellt. Aber das gelingt oft nicht, und wir rackern uns lustlos ab und sehnen uns nach einem Jobwechsel oder nach dem nächsten Urlaub. Wir verlieren die Lust an der Arbeit, weil sie nicht unseren Idealen entspricht. Sie ist aber dennoch sinnvoll – weil sie uns am Leben hält, weil sie Broterwerb ist. Und nach Hannah Arendt findet Selbstverwirklichung ohnehin woanders statt: dort, wo wir uns für die Gemeinschaft engagieren, wo wir handeln und die eigenen Lebensbedingungen mitgestalten.

Hannah Arendt (1906 – 1975)

Sie war in jeder Hinsicht eine Ausnahmeerscheinung. Dass Hannah Arendt sich in der männerdominierten akademischen Philosophie des 20. Jahrhunderts durchsetzen konnte, verdankt sich mitnichten allein dem Umstand, dass manch namhafter Professor sich für sie begeisterte. Liest man ihren Briefwechsel mit Karl Jaspers oder Martin Heidegger, erkennt man sofort, welch brillante Denkerin sie war. Ihre Leidenschaft galt der politischen Philosophie – und nachdem sie ob ihrer jüdischen Herkunft ins amerikanische Exil fliehen musste, schrieb sie großartige Bücher über die Grundlagen des politischen Handelns.

Erfolg, Ruhm und Ehre

oder die Zahl unten auf der Gehaltsabrechnung – worum geht es bei einem Job eigentlich? Woran bemisst sich beruflicher Erfolg?

———•••••———

Es war einmal eine Zeit, zu der sich die besten und klügsten der Denker die Frage vorlegten: Was macht den Menschen eigentlich zum Menschen? Und die Antwort, die sie fanden, lautete: Es ist seine Würde. Was freilich nur eine weitere Frage auf den Plan rief: Worin besteht die Würde des Menschen? Und dazu gingen die Meinungen auseinander. So kommt es, dass in der Renaissance ganze Bibliotheken mit Abhandlungen »Über die menschliche Würde« verfasst wurden. Eine davon stammt von Pico della Mirandola. Bei ihm stößt man auf einen Gedanken, der etwas darüber verrät, woran sich menschliches Tun bemisst: daran, ob es eines Menschen würdig ist.

Picos Ansicht klingt zunächst recht fromm: Des Menschen Würde rührt daher, dass Gott ihn zu seinem Bilde schuf. – Gähn! – Interessant aber ist, wie der Renaissancedenker das erklärt. Er sagt: Gott ist ein Künstler; er hat die Welt wie ein Kunstwerk eingerichtet. Und so soll auch der Mensch ein Künstler werden: kreativ soll er sein, Neues soll er schaffen, tatenfroh und schöpferisch die Welt verschönern. Darin liegt des Menschen Würde: Schönheit zu erschaffen.

Arbeit und Beruf

Tun wir das? Hinterlassen wir mit all unserem Tun, all unserem Wirtschaften eine schönere Welt? Wird sie bejahenswerter durch unsere Geschäfte, unsere Arbeit? Was trage ich dazu bei? Wir sollten uns von Zeit zu Zeit solche Fragen stellen, damit wir uns nicht Tätigkeiten verschreiben, die wohl den eigenen Drang nach Ansehen, Reichtum und Macht befriedigen, nicht aber unseres Menschseins würdig sind. Und die uns deshalb auch nicht wirklich erfüllen. Nicht das Gehalt sagt etwas über die Qualität unserer Arbeit – sondern die Freude, die Begeisterung, die Schönheit und das Glück, die sie uns und anderen gewährt.

Pico della Mirandola
(1463 – 1494)

Er wurde nur 31 Jahre alt, doch die kurze Spanne seines Lebens nutzte er zu Höchstleistungen: Nicht nur, dass er mit seinem Traktat »Über die Würde des Menschen« einen der schönsten Texte der Renaissance schrieb, er legte sich darüber hinaus mit Papst, Klerus und der ganzen wissenschaftlichen Welt seiner Zeit an. Denn im zarten Alter von 23 Jahren hatte er in 900 Thesen dargelegt, inwiefern alle Religionen und Philosophien der damals bekannten Welt im Kern übereinstimmen. Damit wollte er den Religionsfrieden befördern – ein Unterfangen, das allerdings scheiterte.

Viele Menschen versuchen krampfhaft, bei der Arbeit alles richtig zu machen. Aber ist es wirklich so schlimm, mal einen Fehler zu begehen? Ist Irren nicht menschlich?

»Ein jeder Schmaus, der nicht durch Torheit belebt wird, entbehrt der lieblichsten Würze.« Als der große Humanist und Renaissancedenker Erasmus von Rotterdam vor mehr als 500 Jahren diesen Satz in seinem »Lob der Torheit« niederschrieb, war das ironisch gemeint. Denn er wollte seinen sich besonders klug und weise dünkenden Zeitgenossen vorführen, wie sehr ihr Stolz und ihre Eitelkeit von bodenloser Dummheit und Ignoranz durchwoben sind. Doch wie es bei den großen Werken der ironischen Literatur zu gehen pflegt: Immer steckt auch ein Körnchen Wahrheit darin. So auch hier, denn der Torheit ist tatsächlich etwas Liebenswertes eigen.

Das Löbliche der Torheit hat einst der österreichische Schriftsteller Alfred Polgar auf den Punkt gebracht: »Ein Mensch ohne Fehler ist kein vollkommener Mensch«, sagte er und formulierte damit ein entschiedenes Plädoyer für so etwas wie Fehlerfreundlichkeit. Und das mit gutem Grund. Denn wer nie einen Fehler begeht, lernt nichts dazu. Wer immer nur versucht, Fehler zu vermeiden, vergeudet fruchtlos seine Energie. Fehler sind folglich gar nicht schlimm. Im Gegenteil. Sie sind die besten Lehrer. Sie machen uns auf unsere Schwächen und unsere Unwissenheit aufmerksam. Dadurch zeigen sie, wo wir entwicklungsfähig sind. Gerade bei der Arbeit können sie uns also weiterbringen.

Natürlich ist das kein Freifahrschein für Dummheit und Blödsinn. Und bestimmte Fehler dürfen nicht passieren, weil wir sonst andere Menschen gefährden würden. Fehler sind genau in dem Maße löblich, in dem man aus ihnen lernen kann. Tut man das nicht, bleibt einem wohl nichts als der bittere Spott des Erasmus: »Keinen Verstand zu haben, tut halt so sauwohl, dass die Sterblichen lieber um Erlösung von allen möglichen Nöten bitten als um Befreiung von der Torheit.«

Erasmus von Rotterdam
(1467–1536)

Er hatte eine spitze Feder und liebte es, sie als Waffe gegen jede Form von Borniertheit, Arroganz und Frömmelei ins Feld zu führen. Dabei war Erasmus von Rotterdam ein Liebhaber der antiken Weisheit und ein Freigeist. Deshalb verteidigte er auch mit Verve gegen Martin Luther die Freiheit des menschlichen Willens. Und er stritt für die Freiheit der Vernunft und Wissenschaft. Ignoranz und Torheit waren ihm die größten Feinde, und doch war er weise genug, die menschlichen Schwächen zu entschuldigen.

> »Konkurrenz belebt das Geschäft«, heißt es. Aber stimmt das auch? Macht ein ständiger Konkurrenzdruck die Leute nicht eher fertig?

———•••••———

Das 17. Jahrhundert war eine finstere Zeit. Besonders in England, wo der Bürgerkrieg zwischen Parlament und Krone zahllose Opfer forderte. In dieser Zeit lebte und arbeitete der Philosoph Thomas Hobbes. Er selbst hatte Partei für den König ergriffen und fürchtete fortan um sein Leben. Wen wundert es, dass er keine hohe Meinung von den Menschen hatte: »Der Mensch ist der Wolf des Menschen« schrieb er – und im Übrigen gleiche das Leben auf Erden einem »Krieg aller gegen aller«.

Nun könnte man die Sätze als nebensächlich abtun, wenn sie nicht einen solch gravierenden Einfluss auf unser heutiges Denken gewonnen hätten. Hobbes' finsteres Menschenbild sickerte ein in die Lehren des Adam Smith, der mit seinem Buch »Vom Wohlstand der Nationen« zum Urheber des modernen, neoliberalen Wirtschaftssystems werden sollte. Auch er glaubte, die Menschen befänden sich im Zustand eines nicht enden wollenden Konfliktes – zwar dachte er dabei nicht an Mord und Totschlag, wohl aber an einen fortwährenden Konkurrenzkampf, den er jedoch für begrüßenswert hielt, meinte er doch, es sei dem Wohlstand nur allzu förderlich, wenn die Konkurrenten auf dem Marktplatz ihre egoistischen Interessen gegen andere durchzusetzen versuchen. Und dieses Denken herrscht noch immer.

Denn immer noch lassen wir uns von den Ökonomen und Sachwaltern des Neoliberalismus einreden, wir seien nichts anderes als rationale Egoisten, die kein anderes Lebensziel kennen als ihren Profit, und glauben der von Adam Smith erfundenen Mär von der »unsichtbaren Hand«, die dafür sorge, dass aus dem Konkurrenzgebaren der Marktteilnehmer der große Wohlstand erwächst. Dabei hat die Geschichte längst erwiesen, dass Konkurrenzgebaren die Kreativität der Menschen lähmt und allenfalls einigen wenigen von Nutzen ist. Die anderen belebt es keineswegs.

 ## Thomas Hobbes (1588 – 1679)

Der einstige Privatsekretär des Philosophen Francis Bacon wurde unzweifelhaft zu einem der einflussreichsten politischen Philosophen des Abendlands. Dass Thomas Hobbes trotz der kriegerischen und politischen Wirren seiner Zeit die Muße fand, eine umfassende politische Theorie zu entwickeln, ehrt ihn; dass er dabei ein finsteres Bild des Menschen zeichnete, ist entschuldbar; dass er jedoch dem totalen Staat das Wort redete, lässt ihn heute als eher fragwürdige Gestalt der Philosophiegeschichte erscheinen.

Freizeit und Erholung

Zu sich kommen, sich inspirieren lassen

Zu keiner Zeit gab es so viel Freizeit wie heute. Aber nicht immer wissen wir diese Zeit gut zu nutzen. Wirklich erfüllt sie uns erst dann, wenn sie uns inspiriert und mit neuer Energie auflädt.

·····

Ursprünglich kommt die Idee der Freizeit aus der jüdischen Religion. Am siebten Tag der Woche, am Sabbat, soll der Mensch seine Arbeit ruhen lassen. Aber nicht, um sich zu erholen, sodass man am nächsten Tag wieder fit für den Job ist. Auch nicht, um sich zu zerstreuen und in Freizeitparks sein Geld zu verschleudern. Nein, am freien Tag soll der Mensch frei sein: frei von ökonomischen Zwängen, frei von strategischen Gedanken, die nur nach Nützlichkeit, Profit und Effizienz fragen. Vor allem soll er frei sein, Nutzloses zu tun: zu spielen, zu singen, zu tanzen, spazieren zu gehen oder Museen zu besuchen. Freizeit, die ihren Namen verdient, ist Anderszeit – sie ermöglicht eine Gegenwelt zur Welt des Kommerz und des Ökonomismus, die unseren Alltag durchwirkt.

Jugendliche sitzen

stundenlang vor Computerspielen, und erwachsene Männer lieben nichts mehr als Fußball. Doch verschwenden wir mit Spielen nicht wertvolle Zeit?

—•••••—

Spielen ist so ziemlich das Sinnvollste, was Sie in Ihrer Freizeit tun können, vorausgesetzt, Sie spielen auf die richtige Weise. Einer, der sich damit auskannte, war der Dichter Friedrich Schiller: »Der Mensch … ist nur da ganz Mensch, wo er spielt«, sagte er. Was heißt das?

Spielen ist menschlich – aber nicht nur das. Spielen adelt den Menschen. Weil wir im Spiel erfahren können, was das Geheimnis und den Zauber unserer Lebendigkeit ausmacht: Spielend erfahren wir Freiheit. Allerdings keine Freiheit im Sinne bloßer Willkür, sondern eine Freiheit, die sich gerade dem Umstand verdankt, dass wir beim Spiel bestimmte Verbindlichkeiten eingehen müssen: Kein Fußballspiel gleicht dem anderen, denn die Spieler verfügen über ein schier unerschöpfliches Potenzial an möglichen Spielzügen, aus dem sie frei und kreativ schöpfen können. Doch dieser Spielraum ist räumlich und zeitlich begrenzt: Das Spiel dauert 90 Minuten, der Platz ist 100 mal 80 Meter groß. Und es gibt Regeln, die absolut verbindlich sind. Ohne sie kann man nicht spielen. Ebenso braucht es Mit-

und Gegenspieler, mit denen man in Verbindung steht. Ohne sie gäbe es die Freiheit des Spiels nicht. Nun, als Schiller seine schönen Worte über das Spielen schrieb, da dachte er nicht an Fußball, sondern an eine Form des Spiels, mit der er von Berufs wegen zu tun hatte: das Schauspiel, das darstellende Spiel. Aber hier gilt das Gleiche. Auch hier gibt es feste Regeln. Schauspieler sind an den Text und die Interpretation ihrer Rolle gebunden. Sie brauchen Mitspieler, eine Bühne als »Spielfeld« und eine umgrenzte Spielzeit, damit sie wissen, wann das Spiel vorbei ist und sie nicht länger Wallenstein oder Maria Stuart sind.

Sind all diese Voraussetzungen erfüllt – bekannte Regeln, Mitspieler, Spielort und Spieldauer –, dann kann das Wunder geschehen: Dann können Sie ungeahnte Seiten von sich zur Darstellung bringen, können in Rollen schlüpfen, die Ihnen im Alltag fernliegen – dann können Sie eine Freiheitserfahrung machen, die ihresgleichen sucht. Dann können Sie »ganz Mensch« sein. So lange kein Wichtigtuer und Spielverderber auftaucht und sagt: »Das ist doch alles nur ein Spiel!«

Aber diese Aussage ist falsch. Es ist nicht »nur« ein Spiel. Spielen ist die ernsteste Sache der Welt! Schauen Sie nur einem Kind beim Spielen zu. Oder spielen Sie selbst – Fußball, Schach, Doppelkopf, Improtheater, Musik. Dann wissen Sie, dass Sie hundertprozentig bei der Sache sind, wenn Sie spielen, und dass Sie jeden fortjagen würden, der Ihnen sagt: »Das ist ja nur ein Spiel!«

Dass ein Spiel »nur« ein Spiel ist, behaupten diejenigen, die es nicht dulden, wenn Menschen nutzlose Dinge tun. Denn Spielen ist nutzlos – es ist absolut sinnvoll, aber vollkommen nutzlos. Wer spielt, spielt um des Spieles willen und braucht nichts weiter zum Glück. Selbstvergessen geht er im Spiel auf und erfreut sich der köstlichen Freiheit des Im-Spiel-Seins. Spielen baut laut Schiller eine Gegenwelt zum »lärmenden Markt des Jahrhunderts« auf und schlägt eine Schneise des Menschlichen in die vom ökonomischen Denken verseuchte Welt.

Friedrich Schiller (1759 – 1805)

Theater war seine große Leidenschaft. Schon als 13-Jähriger schrieb Friedrich Schiller seine ersten Stücke, und seinen ersten großen Erfolg feierte er 1778 mit der Uraufführung seines Dramas »Die Räuber«. So begeistert die Zuschauer das Werk aufnahmen, so sehr empörte es den württembergischen Landesherrn. Schiller wurde sogar einmal eingelocht. Kein Wunder, dass er zunehmend zum Revolutionär wurde. Seine Vorstellung von Revolution war aber nicht radikal. Er war der Überzeugung, dass der Weg zur Freiheit nur durch Kunst und Spiel gebahnt werden kann: »... weil es die Schönheit ist, durch welche man zur Freiheit wandert«.

Manche Menschen finden Wellness-Wochenenden unmoralisch und meinen, man sollte das viele Geld lieber einem guten Zweck spenden. Darf man nicht guten Gewissens im Whirlpool liegen?

Über eines sollten wir uns keinen Augenblick täuschen: Menschsein ist keine rein geistige Angelegenheit. Wir sind immer auch Körper. Und das ist gut so. Denn auch wenn er uns gelegentlich Schmerzen bereitet oder unsere Grenzen spüren lässt: Der Körper ist unser bester Freund. Ihm verdanken wir alles – unsere Freude, unsere Gefühle, unsere Sinne. Nichts ist schlecht am Körper, und wenn uns über Jahrtausende die Moralapostel aus allen Religionen das Gegenteil eintrichtern wollten, dann war das ein Verrat am Leben.

Erstaunlich, dass es ausgerechnet eine mittelalterliche christliche Mystikerin ist, von der ein zauberhaftes Wort überliefert ist, das man getrost allen Wellness-Verächtern unter die Nase reiben darf: »Tu deinem Leib etwas Gutes, damit die Seele Lust hat, darin zu wohnen«, hat die heilige Teresa von Avila einmal notiert, um damit den asketischen Exzessen ihrer Mitschwestern Einhalt zu gebieten.

Tatsächlich hat die große Klosterfrau damit einen Gedanken wiederbelebt, der noch für den antiken Menschen selbstverständlich war: Ein gutes Leben braucht die Harmonie von Leib und Seele. »Mens sana in corpore sano« lautete eine römische Weisheit: »ein gesunder Geist in einem gesunden Körper«. In den Gymnasien der alten Griechen wurde deshalb reichlich Sport getrieben, ging man doch davon aus, dass Menschen nur dann die Fähigkeit entwickeln, ein stimmiges und harmonisches Leben zu führen, wenn sie auch ihren Körper gesund zu halten wissen. Körperpflege und Körperfitness waren ihnen deshalb selbstverständliche Bausteine einer integralen Lebenskunst, die den Menschen als leibliches Wesen ernst nimmt.

Wer sich ein Wellness-Wochenende gönnt, hat also einige der abendländischen Weisheitslehrer auf seiner Seite – was sollte einen dann noch davon abhalten, sich im Whirlpool auszustrecken.

Teresa von Avila (1515 – 1582)

Vor Gesundheit strotzte sie nicht gerade. Kaum dass die 20-jährige Teresa in das Karmeliterinnenkloster ihrer Heimatstadt Avila eingetreten war, erkrankte die junge Nonne schwer. Was sie genau plagte, ist nicht bekannt. Überstanden hat sie ihre Leidenszeiten nach ihrem eigenen Zeugnis durch ihre intensive Gebetspraxis. Darin erlebte sie Höllenvisionen, aber auch die Erfahrung der mystischen Vereinigung mit Gott, von der sie in ihren spirituellen Schriften ein sprachgewaltiges Zeugnis hinterlassen hat.

Fast jeder verspürt gelegentlich den Wunsch, sich eine Auszeit zu gönnen und einfach mal Zeit für sich zu haben. Ist das ein Zeichen von Egoismus?

Wenn jemand den Wunsch hat, sich etwas Gutes zu tun, verrät das eine gesunde Beziehung zu sich selbst: eine Freundschaft mit sich selbst, wie der Philosoph Wilhelm Schmid das nennt und sich damit in eine Reihe stellt, die von Aristoteles über Seneca bis zu Oscar Wilde reicht. Und wie diese Autoren auch, betont Schmid, dass es gerade die Achtsamkeit für das eigene Selbst ist, die uns überhaupt erst in die Lage versetzt, gute Beziehungen mit anderen eingehen zu können; denn wer »mit sich selbst nicht im Reinen« ist, wer die inneren Verhältnisse seiner selbst nicht geklärt hat, ist viel zu sehr mit sich beschäftigt, als dass er sich anderen zuwenden könnte. So kann Schmid sagen: »Der Kern der Sorge für andere ist die Sorge für sich selbst, die Selbstfreundschaft und Selbstliebe.«

Ganz so sah es auch der Freiherr von Knigge, der einmal formulierte, dass kaum gesellschaftsfähig sei, wer »sein eignes Ich nicht kultiviert«. Man werde »fremd in seinem eignen Hause«, wenn man die Freundschaft mit sich selbst verletze. Gerade um unserer Beziehungen zu anderen willen ist es also notwendig, gelegentlich bei sich selbst einzukehren und den Freundschaftsbund mit sich selbst zu erneuern. Sonst geht es uns am Ende wie Karl Valentin: »Heute mache ich mir eine Freude und besuche mich selbst«, hat er einmal gesagt – und angefügt: »Hoffentlich bin ich auch daheim.«

Bei sich daheim sein ist wichtig, um eine gesunde Beziehung zu sich selbst zu bekommen und »die widerstreitenden Teile in ein gedeihliches Verhältnis zueinander zu setzen, sie im Idealfall zur spannungsvollen Harmonie zusammenzuspannen«, wie Schmid sagt. Auch unsere Schattenanteile wollen in das Ganze unseres Selbst integriert werden. Dafür brauchen wir Besinnung, Rückzug, innere Sammlung. Wer sich dafür Zeit nimmt, ist mitnichten ein Egoist!

Wilhelm Schmid (*1953)

Für einen wie ihn hat die Zunft der akademischen Philosophie in Deutschland keinen rechten Ort. Und das, obwohl Wilhelm Schmid mit seinem Buch »Auf der Suche nach einer neuen Lebenskunst« eine zentrale, gleichwohl aber in Vergessenheit geratene Tradition des lebensrelevanten Philosophierens wieder hoffähig gemacht hat. Dass er damit einem Bedürfnis seiner Zeitgenossen nachgekommen ist, zeigt die Auflage seiner Bücher. Schmid dürfte heute einer der meistgelesenen deutschsprachigen Philosophen sein – auch ohne ordentlichen Lehrstuhl an einer deutschen Uni.

Was läuft da falsch?

Urlaub wird immer öfter zum Stress.
Man möchte sich erholen, kommt aber gar
nicht zur Ruhe. Wie sollte man reisen?

———•••••———

Wer eine Reise unternimmt, sollte sich vor allem Zeit dabei lassen – was so ziemlich das Gegenteil von dem ist, wie wir Arbeitstiere des 21. Jahrhunderts Urlaub zu machen pflegen: Aus dem Büro in den Ferienflieger und dann ab die Post. Wie anders dagegen das Ideal von Jean-Jacques Rousseau, dem führenden Kopf der französischen Aufklärung. Der sagte einmal: »Wer ans Ziel kommen will, kann mit der Postkutsche fahren, aber wer richtig reisen will, soll zu Fuß gehen.«

Das heißt nun nicht, dass wir fortan allesamt auf Flugzeug, Bahn und Auto verzichten sollten. Nur auf Schusters Rappen zu reisen, dürfte unter heutigen Verhältnissen auch nicht die gewünschte Erholung bringen; aber langsamer sollten wir sein – uns Zeit nehmen für den Weg und die Umgebung unseres jeweiligen Aufenthaltsortes erkunden.

Eine Sehenswürdigkeit nach der anderen abzuklappern und den Touristenbus kaum länger als 30 Minuten zu verlassen – das stresst. Weder schenkt es die ersehnte Erholung noch die Erfahrung dessen, was eine Reise idealerweise sein sollte: eine Quelle der Inspiration. Wenn man aber den Baedeker im Hotelzimmer lässt und sich auf das Fremde, Un-heimliche einlässt, sich hinauswagt und alle Vorkenntnisse abstreift: dann reist man wirklich; dann ist man wirklich lebendig. Zu viel Kultur und Bildung sind da eher schädlich – meinte Rousseau und warb dafür, uns wieder in den Naturzustand einer achtsamen Neugier für das Unbekannte zu versetzen.

Und tatsächlich sind es ja oft gerade die ungeplanten Überraschungen, die eine Reise unvergesslich machen. Dafür ist es gut, nicht immer möglichst rasch an ein bestimmtes Ziel kommen zu wollen, sondern sich Zeit für das Unerwartete zu lassen. Das inspiriert.

Jean-Jacques Rousseau
(1712 – 1778)

Sein Leben glich einer dauernden Wanderschaft. Denn zu Lebzeiten war Jean-Jacques Rousseau einer der meistverfolgten Männer Europas. Egal, was er schrieb: Die Gelehrtenwelt, die Obrigkeit und die Kirche waren gegen ihn. Kaum war sein politisches Hauptwerk »Du Contrat Social ...« (»Vom Gesellschaftsvertrag ...«) erschienen, wurde es auch schon verboten. In seiner Geburtsstadt Genf und seinem Sterbeort Paris wurden seine Schriften verbrannt. Für die letzten Lebensjahre zog er sich auf einen Bergbauernhof in Südfrankreich zurück. Dort konnte er das naturverbundene Leben führen, nach dem er sich immer gesehnt hatte.

Früher zog es die Städter

hinaus in den Wald. Heute geht man lieber in der City shoppen. Wo ist man besser aufgehoben? Wie sieht das ideale Wochenende aus?

Michelangelo, der große Maler und Bildhauer der Renaissance, hat einmal gesagt, den wahren Frieden finde man nur in den Wäldern. Auch die Romantiker zog es in die freie Natur, die sie als unerschöpfliche Quelle der Inspiration erlebten. Josef von Eichendorff etwa, der nicht müde wird, in seinen Gedichten den Wald als bevorzugten Aufenthaltsort zu preisen. Und er verrät auch, warum: »Da steht im Wald geschrieben / Ein stilles, ernstes Wort / Von rechtem Tun und Lieben, / Und was des Menschen Hort. / Ich habe treu gelesen / Die Worte, schlicht und wahr, / Und durch mein ganzes Wesen / Wards unaussprechlich klar.«

Was Eichendorff in poetischen Worten sagt, findet man etwas prosaischer in den Schriften der Philosophen. Etwa bei Ralph Waldo Emerson, dem großen US-amerikanischen Naturphilosophen: »In den Wäldern kehren wir zur Vernunft und zum Glauben zurück«, schrieb er in seinem Essay »Nature«. Denn in der freien Natur habe der Mensch die Möglichkeit, seinem eigenen, wahren Wesen zu begegnen: der Natur in ihm, seiner eigenen Lebendigkeit. Hier könne er sich dessen bewusst werden, dass das Leben eine große, bunte, pulsierende und dabei bezaubernd schöne Symphonie ist, die selbst das noch in einer höheren Einheit umfasst, was einander bekämpft und verzehrt. »In der Wildnis«, schreibt er, »finde ich etwas Wertvolleres und Verwandteres als auf den Straßen und in den Dörfern. In der ruhigen Landschaft, und besonders in der weit entfernten Linie am Horizont, erblickt der Mensch etwas, das so schön ist wie seine eigene Natur.«

Wie die Natur im Ganzen, so ist auch der Wald ein Ökosystem, worin das Leben im Einklang mit sich ist: ein Ort, an dem es stimmt. Auch des Menschen Seele ist eine Symphonie des Lebens. Aber sie stimmt nicht immer, ist oft im Unfrieden. Wenn wir dann hinaus in den Wald gehen, können wir die Seele neu stimmen – allein dadurch, dass wir die große Symphonie der Natur auf uns wirken lassen, kommen wir in bessere Stimmung. Im Shopping-Center klappt das nie.

Was Emerson theoretisch dargelegt hatte, machte sein Freund und Schüler Henry David Thoreau zum Lebensprogramm. Der baute sich im Jahre 1845 auf dem ausgedehnten Landbesitz Emersons eine einsame Blockhütte inmitten der Wälder und kehrte gut zehn Jahre später von dort mit einem Buchmanuskript zurück. »Walden. Vom Leben in den Wäldern« heißt das Werk, das später zur Bibel der Öko- und Aussteigerbewegung werden sollte. Hier findet man die Bestätigung der Erfahrungen

Emersons und der Romantiker. In der Einleitung schreibt Thoreau: »Ich zog in den Wald, weil ich den Wunsch hatte, mit Überlegung zu leben, dem eigentlichen, wirklichen Leben näherzutreten, zu sehen, ob ich nicht lernen konnte, was es zu lehren hätte, damit ich nicht, wenn es zum Sterben ginge, einsehen müsste, dass ich nicht gelebt hatte.«

Wer wirkliches Leben will, wer seine Lebendigkeit fühlen und feiern will, ist mithin gut beraten, sooft es geht, Häuser und Städte zu verlassen, hinauszugehen in die Wälder, hinaus in die Natur, hinaus in die Wildnis. Denn wie nirgends sonst kann man sich dort anbinden an den großen Strom des Lebens, sich im vollen Sinne regenerieren und das Leben in seiner Schönheit erleben.

Ralph Waldo Emerson
(1803 – 1882)

Für den US-amerikanischen Pastorensohn und Theologen war die Natur eine Offenbarung Gottes, »materialisierter Geist«, wie Emerson in seinem 1836 geschriebenen Essay »Nature« bemerkte – eine Sicht, die er mit vielen europäischen Dichtern und Romantikern teilte, die er in den Jahren zuvor bei einer Europareise kennengelernt hatte. Später legte er sein geistliches Amt nieder, denn mit der konventionellen Theologie des amerikanischen Protestantismus konnte er nichts mehr anfangen.

Die Meisterwerke der

Kunstgeschichte lassen sich heute bequem daheim am Computer betrachten. Lohnt es sich dann überhaupt noch, ins Museum zu gehen?

———•••••———

Im Jahre 1936 erschien in französischer Sprache ein Aufsatz des Philosophen Walter Benjamin, der später auf Deutsch unter dem Titel »Das Kunstwerk im Zeitalter seiner technischen Reproduzierbarkeit« berühmt wurde. Darin erklärt der Denker, wie sehr sich die Seh- und Hörgewohnheiten der Menschen über die Zeiten verändert haben. Den radikalsten Wandel habe dabei die Erfindung der Fotografie herbeigeführt, sei es durch sie doch möglich geworden, entfernteste Orte und Gegenstände in unbegrenzter Stückzahl abzubilden, zu reproduzieren.

In besonderem Maße betrifft dies, so Benjamin, Kunstwerke. Musste man noch zu Zeiten Goethes weite Strecken zurücklegen, um sie überhaupt in Augenschein nehmen zu können, so sind sie heute durch massenhafte Reproduktion in Büchern, auf Postkarten und Web-Seiten jedermann an jedem Ort zugänglich. Dadurch aber haben sie ihren eigentlichen Wert eingebüßt: den Wert ihrer Echtheit, den Wert ihrer »Aura«, wie Benjamin das nennt – ein ungewöhnlicher Begriff, den er wie folgt erklärt: »An einem Sommernachmittag ruhend einem Gebirgszug am Horizont oder einem

Freizeit und Erholung

Zweig folgen, der seinen Schatten auf den Ruhenden wirft – das heißt die Aura dieser Berge, dieses Zweiges atmen.«

Auch die Aura von Kunstwerken lässt sich atmen; jedoch nur, wenn man sie mit unverdorbenen Augen sieht – in ihrer Echtheit und ihrer Einzigartigkeit: nicht als Reproduktion, sondern als Original; nicht als Ware, sondern als Ereignis – als authentische Antwort eines Künstlers auf den Anspruch des Lebens. Ein solcher Blick ist uns Benjamin zufolge zwar weitgehend abhandengekommen, wenn überhaupt, können wir ihn aber noch an Originalen erproben. Das geht jedoch nur in Museen oder Galerien. Sie sind durch keine noch so hochaufgelösten virtuellen Reproduktionen im Computer zu ersetzen.

Walter Benjamin (1892 – 1940)

Er ist eine der tragischen Figuren der Philosophie des 20. Jahrhunderts. Geboren in Berlin als Sohn einer assimilierten jüdischen Familie, tat Walter Benjamin sich früh als Dichter, Autor und Übersetzer hervor. Doch mit der Machtergreifung der Nazis musste Benjamin die Flucht antreten. Zunächst nach Paris, wo er produktive Jahre verbrachte, bevor er den Plan fasste, über Portugal in die Vereinigten Staaten zu fliehen. Im spanischen Grenzort Portbou jedoch war seine Reise zu Ende. Am 26. September 1940 nahm sich der Verzweifelte das Leben.

Gesundheit und Heilung

Körper, Geist und Seele im Gleichgewicht

Wir allen wünschen uns Gesundheit, doch worin sie genau besteht, lässt sich gar nicht so leicht beantworten. Am ehesten kann man sie wohl als eine körperliche und seelische Harmonie beschreiben.

•••••

In der Antike gehörten Philosophie und Medizin zusammen. Sokrates sagte einst, er verstehe sich als Arzt der Seele, der seinen Gesprächspartnern dabei helfen wolle, ihr Leben in Ordnung zu bringen. Und dabei dachte er nicht an Psychotherapie oder -analyse, sondern an eine ganzheitliche Gesundheit, die alle Aspekte des Menschseins umfasst: leibliche und seelische, emotionale und rationale. Das Leben galt den alten Griechen als ein komplexes System, das darauf angelegt ist, mit sich in Harmonie zu sein. Ein gestörtes Gleichgewicht wurde als Krankheit beschrieben, während man Heilung als die Wiederherstellung der gestörten Balance verstand.

So überraschend es klingen mag: Diese Sicht kehrt langsam zurück. Und das ist gut so, denn sie entspricht unserer Lebendigkeit.

Wenn wir Geburtstag haben, wünschen uns Freunde und Kollegen »vor allem Gesundheit«. Das ist nett, aber was können wir selbst dafür tun, dass dieser Wunsch auch in Erfüllung geht?

Hier hilft uns Hildegard von Bingen weiter, denn die bedeutende Äbtissin und Theologin war auch eine große Heilerin. So wundert es nicht, dass wir bei ihr Worte finden, die in kaum überbietbarer Art den Weg zur Gesundheit weisen: »Wir müssen auf die Stimme unserer Seele hören, wenn wir gesunden wollen«, lehrt sie und nimmt damit eine der wohl wichtigsten Erkenntnisse der modernen psychosomatischen Medizin vorweg: Alles in unserem Organismus hängt miteinander zusammen. Körper und Seele lassen sich nicht voneinander trennen. Wer erfolgreich und nachhaltig heilen will, sollte immer die physische und die psychische Dimension des Lebens im Blick haben. Denn immer geht es um das rechte Gleichgewicht.

Alles, was lebt, strebt nach innerer Balance und Harmonie. Das gilt für die Seele nicht anders als für den Körper. Diesen Gedanken hatten schon die großen Mediziner der Antike vertreten. Hippokrates etwa, der legendäre Arzt der Griechen, lehrte, dass Gesundheit nichts anderes sei als die Harmonie unterschiedlicher »Körpersäfte« und dass es für das menschliche Wohlergehen wichtig sei, bei allem einen guten Ausgleich zwischen den großen Polen des Lebens herzustellen: zwischen Bewegung und Ruhe, Anspannung und Entspannung, Wachen und Schlafen.

Ähnliche Gedanken findet man auch in den großen medizinischen Schulen des Ostens. Ob nun die traditionelle chinesische Medizin, die ayurvedische Medizin der Inder oder die klassische tibetische Heilkunde – sie alle sind sich darin einig, dass der Heilkundige allem voran die Aufgabe hat, den Energiefluss des Körpers zu harmonisieren und dabei dem individuellen Organismus und dem ihm eigenen Maß Rechnung zu tragen.

Womit wir wieder bei der heiligen Hildegard wären. »Die Seele liebt in allen Dingen das diskrete Maß«, schrieb sie und meinte, deshalb solle »sich der Mensch in allen Dingen selbst das rechte Maß auferlegen«: das höchst persönliche, individuelle Maß seines Körpers, der manches gut und anderes schlecht verträgt. Krankheitsprophylaxe oder Salutogenese, wie man das heute nennt, ist in ihren Augen deshalb vor allem die Kunst der Balance. Das heißt die Kunst, immer wieder einen guten Ausgleich zu finden und eine Harmonie von Körper und Seele zu arrangieren.

So gesehen fängt Gesundheitspflege im Kopf an: bei der Selbstwahrnehmung und stimmigen Organisation des eigenen Lebens – bei der Ausbildung einer guten Intuition für das, was einem fehlt, oder das, wovon man zu viel hat. Und der Prozess der Heilung läuft letztlich darauf hinaus, durch Umstellung der Lebensgewohnheiten und der Ernährung oder durch ein gutes Verhältnis von Bewegung und Ruhe die krank machenden Dissonanzen des Leibes auszugleichen. »Jede Krankheit ist heilbar«, lehrte Hildegard, »aber nicht jeder Patient.« Denn wer sich weigert, das »diskrete Maß« seines Lebens und seines Leibes zu achten, darf sich nicht wundern, wenn sein Körper immer neue Krankheitssymptome entwickelt, die ihn zum Einlenken ermutigen sollen.

Hildegard von Bingen
(1098 – 1179)

Später wurde sie von der katholischen Kirche heiliggesprochen. Zu Lebzeiten aber lag sie des Öfteren im Clinch mit den Autoritäten ihrer Kirche. Dabei nahm sie nie ein Blatt vor den Mund, kommunizierte mit Päpsten und Bischöfen und stritt für ein Christentum, das im Dienste des Lebens steht. In ihrer hoch über dem Rhein in den Weinbergen gelegenen Abtei ging sie ihren naturkundlich-medizinischen Studien ebenso nach wie ihrer Liebe zur Musik und Theologie. Das alles verband sich in ihr zum Bild einer lebendigen, intelligenten und schönen Welt, mit der in Harmonie zu leben das Ziel allen Lebens ist.

Schulmediziner

oder Homöopath? Naturheilkundler oder Wissenschaftler? Wer die Wahl hat, hat die Qual. Gibt es etwas, das einen guten Therapeuten auszeichnet? Woran erkenne ich einen guten Arzt?

Der Philosoph Hans-Georg Gadamer ist 102 Jahre alt geworden. Und wer das Glück hatte, ihm zu Lebzeiten in seiner Heimatstadt Heidelberg zu begegnen, weiß, welch guter Gesundheit er sich auch noch als über Hundertjähriger erfreute. So jemandem hört man gern zu, wenn er über Gesundheit und Krankheit philosophiert – was Gadamer gern tat. Der Dialog von Medizin und Philosophie war ihm wichtig. Womit wir schon beim Thema wären, denn es ist in seinen Augen nichts anderes als die Kunst des Gesprächs, die einen Heilkundigen auszeichnet. Einen guten Arzt erkennt man daran, dass er mit seinem Patienten zu reden weiß: dass ihm das Gespräch zum Bestandteil der Heilung gerät.

Ein ärztliches Gespräch öffnet einen Raum – zum Beispiel mit der klassischen Sprechstundenfrage: »Was fehlt Ihnen?« Nun darf der Patient sein Herz ausschütten und das, was ihn belastet, zur Sprache bringen. Dabei sollte es dem Arzt nicht so sehr darum gehen, Informationen zu erhalten, die einen Ansatzpunkt für die wissenschaftlich-methodische Abarbeitung eines Falls liefern: Das Krankheitsbild wird rasch ermittelt, das passende Medikament verschrieben, und nach fünf Minuten ist man wieder vor der Tür. Mit einem heilenden Dialog hat das wenig zu tun. Gadamer betont, dass ein gutes ärztliches Gespräch dahin führen sollte, »dass der Patient vergisst, dass er Patient und in Behandlung ist«. Denn dann löse sich die Fixierung des Patienten auf seine Symptome auf. Statt nur an die Krankheit zu denken, kann sich nun seine Seele mitteilen und so einen ersten Schritt zur Gesundung vollziehen. Egal ob in der Schulmedizin oder beim Heilpraktiker: Echte Heilkunst braucht immer die Kunst des Dialogs.

Hans-Georg Gadamer
(1900 – 2002)

Er war eine wandelnde Philosophiegeschichte. Schier unerschöpflich schien der Fundus an Anekdoten, die er über die großen Kollegen seiner Zunft zu erzählen wusste – besonders von seinem Lehrer Martin Heidegger. Aber auch sonst war es eine Freude, Hans-Georg Gadamer zu begegnen. Immer war er an einem interessiert. Gefragt, was das Geheimnis seiner geistigen Frische sei, sagte der Hundertjährige, das liege wohl daran, dass er nie seine Neugier verloren hätte. Und wirklich: Stets wollte er von uns jungen Studenten wissen, was uns beschäftigte und umtrieb. Und stets hatte er ein gutes, weises Wort parat.

Manchmal wollen einem Leute erklären, warum man dieses oder jenes Wehwehchen hat – als ob nicht Keime und Erreger die Ursache dafür wären. Oder haben Krankheiten doch auch eine tiefere Bedeutung?

―――•••••―――

In Büchern, die so schöne Titel tragen wie »Krankheit als Sprache der Seele«, können Sie nachlesen, was Ihr Körper Ihnen sagen will, wenn er Krankheitssymptome ausprägt. Dagegen ist auch gar nichts einzuwenden, nur sollte man wissen, dass es sich dabei um populäre Varianten eines medizinphilosophischen Denkens handelt, das in der Mitte des 20. Jahrhunderts entwickelt wurde – der psychosomatischen Medizin.

Einer der führenden Köpfe dieser revolutionären Theorie des menschlichen Organismus war Viktor von Weizsäcker. Entgegen der zu seiner Zeit noch unangetastet geltenden Lehre, Krankheiten seien allem voran das Produkt objektiver äußerer Einflüsse, bestand er darauf, das Subjekt – den individuellen Menschen – wieder in die Mitte der Medizin zu stellen. Denn für Weizsäcker waren Krankheiten in erster Linie Teil der Lebensgeschichte. Deshalb sei es auch nicht überraschend, dass sie häufig »an Wendepunkten biographischer Krisen« auftauchen. Tatsächlich hätten sie »den Wert von seelischen Kräften«, die zum Ausdruck bringen, »was sich im Inneren des Menschen ereignet.« Damit ist nicht gesagt, dass Krankheiten bloß äußere Erscheinungsformen bestimmter innerer Störungen seien – die dann auch durch die Kraft des Denkens oder eine ordentliche Psychotherapie behoben werden könnten. So einfach ist es meist nicht, und deshalb ist eine gewisse Skepsis gegenüber so manchem populären Ratgeber angezeigt. In Wahrheit lassen sich Seele und Körper nämlich gar nicht voneinander trennen – beide sind aufs engste miteinander verwoben. Als Patienten sind wir deshalb gut beraten, immer sowohl die körperlichen als auch die seelischen Ursachen unserer Krankheit zu ermitteln und ihr ganzheitlich zu Leibe zu rücken.

Viktor von Weizsäcker
(1886 – 1957)

Er konnte sich zeit seines Lebens nicht recht entscheiden, ob er nun Philosoph oder Arzt sein wollte. Am Ende wurde er beides, und es ist wohl gerade diese Mischung, die Viktor von Weizsäcker zu einem der führenden Medizinphilosophen des 20. Jahrhunderts machte. Die von ihm mitbegründete psychosomatische Medizin jedenfalls liefert wichtige Erkenntnisse und Bausteine für ein neues, ganzheitliches medizinisches Paradigma, das den Realitäten des organischen Lebens weit besser Rechnung zu tragen scheint als die konventionelle medizinische Wissenschaft.

Pillen, Kräuter, Globuli,

Akkupunkturnadeln ... – als Patient weiß man heute oft nicht mehr, woran man ist. Und so stellt sich die Frage: Was ist eigentlich die beste medizinische Behandlung?

Vor vielen Hundert Jahren suchten die Menschen nach einem Allheilmittel, das sie von allen Gebrechen kurieren sollte. Alchimisten, Zauberer, Hexen – sie alle kochten und brauten und mischten, um das Elixier des Lebens, die Wunderarznei zu finden. Vergebens. Oder auch nicht. Denn einer entdeckte sie im 16. Jahrhundert doch. Aber nicht im Laboratorium, sondern im Herzen des Menschen. »Die beste Arznei für den Menschen ist der Mensch«, schrieb Paracelsus, und »Der höchste Grund dieser Arznei ist die Liebe«.

Dass Liebe ein Therapeutikum erster Wahl ist, war auch schon in der Antike bekannt. Platon lässt in seinem Dialog »Symposium« einen Heilkundigen namens Eryximachos auftreten, der in beredten Worten darlegt, warum man Eros – die Liebe – einen »großen Arzt« nennen könne: Weil er es ist, der die Kräfte und Organe des Körpers in ein stimmiges Gleichgewicht bringt und dafür sorgt, dass der Organismus mit sich selbst verbunden bleibt. Das klingt altertümlich, wird aber durch die moderne Immunforschung bestens bestätigt. Denn aus ihr wissen wir: Wer selbst liebt oder sich geliebt weiß, ist wesentlich weniger anfällig gegenüber Infektionen als jeder notorische Griesgram. Nietzsche hat nicht zufällig beobachtet, dass leicht bekleidete junge Frauen sich bei Regen und Wind so lange nicht erkälten, wie sie sich unwiderstehlich finden und die liebenden Blicke anderer auf sich wissen. Liebe ist der Zustand intensiver Lebendigkeit. In der Liebe zu sein heißt, sich in Verbundenheit mit dem Ganzen zu wissen und die Grundenergie alles Lebendigen zu erfahren. Paracelsus sprach in heute esoterisch anmutenden Worten davon, wenn er sagte: »Im Herzen wächst der Arzt. Aus Gott geht er. Des natürlichen Lichtes ist er.«

Paracelsus (1493 – 1541)

Eigentlich hieß er Theophrastus Bombastus von Hohenheim und wurde als Sohn eines schwäbischen Arztes in der Schweiz geboren. Unter dem Namen Paracelsus aber wurde er zu einem der bekanntesten Männer seiner Zeit. Mit 22 Jahren promovierte er im italienischen Ferrara zum Doktor der Medizin. Dann wanderte er quer durch Europa, lehrte in Basel und zog sich als Aussteiger in die Appenzeller Berge zurück, um als Prediger und Wunderdoktor den Menschen nahe zu sein – oder auch, um sich den vielen Feinden zu entziehen, die er sich durch seine beißende Kritik am gängigen medizinischen Betrieb gemacht hatte.

Wir wissen heute:
Stress schwächt das Immunsystem.
Stress macht krank. Aber was kann man
dagegen tun? Welches Kraut ist gegen
die Volkskrankheit Stress gewachsen?

Sicher gibt es auch das eine oder andere Pflänzchen, mit dessen Hilfe man zur Ruhe kommt, dem Druck eines hektischen Lebens besser widerstehen und dem Alltagsstress ein Schnippchen schlagen kann. Einfacher und zuverlässiger wirkt nach neuesten medizinischen Befunden jedoch eine uralte Übung – eine Praxis, die sich nicht zufällig heute zunehmender Popularität erfreut, denn Stress ist zu einer Art Epidemie unserer westlichen Welt geworden. Und was dagegen effektiv hilft, ist Meditation: die Kunst, sich bewusst in die Stille zu begeben, das innere Karussell der Gedanken zu beruhigen, zur Besinnung zu kommen und geistig leer zu werden.

Wer verstehen möchte, warum meditative Übungen unserem Wohlbefinden dienen, neigt heute dazu, sich nach Osten zu wenden. Denn viel mehr als wir in unserer westlichen Zivilisation haben die Philosophen des Buddhismus und des indischen Vedanta die Praxis und Wirkung der Meditation erforscht. Doch wird man auch in unseren Breiten fündig, wenn man sich einem großen Denker des Mittelalters zuwendet: Meister Eckhart, seines Zeichens Dominikanermönch und wohl bedeutendster Repräsentant eines Wissenschaftszweiges, den man »mystische Theologie« zu nennen pflegt.

Meister Eckhart war »Lese- und Lebemeister«, das heißt, er unterwies nicht nur seine Studenten in Paris und Köln in den Finessen der scholastischen Philosophie und Theologie; nein, er war auch ein Lehrer christlicher Lebenskunst, der den Mönchen und Nonnen seiner Zeit nahebrachte, wie man denn richtig leben solle. Und da taucht in seinen »Reden der Unterweisung« immer wieder dieses eine Zauberwort auf, das heute jedem stressgeplagten Zeitgenossen einen sehnsuchtsvollen Seufzer entlockt: Gelassenheit.

Gelassenheit ist in Eckharts Augen das eigentliche Ziel im Leben eines Christenmenschen. Und man verwirklicht sie am besten durch die meditative Übung, die ihm allerdings viel mehr ist als nur ein inneres Zur-Ruhe-Kommen. Wirklich gelassen wird in Eckharts Augen nur, wer sich selbst loslässt, wer von seiner Ego-Zentrierung ablässt, seinen persönlichen Willen und seine Konzepte hinter sich lässt – um ganz in der Gegenwärtigkeit anzukommen: »Niemals«, lehrt der Meister, »steht ein Unfriede in dir auf, der nicht aus Eigenwillen kommt, ob man's nun merke oder nicht.« Und er zieht daraus eine klare Konsequenz: »Richte dein Augenmerk auf dich selbst, und wo du dich findest, da lass ab von dir; das ist das Allerbeste!«

Gesundheit und Heilung

Eckhart vermag in seinen Schriften zu zeigen, dass Stress – in seinen Worten »innerer Unfrieden« – aus nichts anderem resultiert als aus der Fixierung auf die eigenen Interessen, Intentionen und Wünsche, auf unseren Willen und unsere Ideale. Statt wahrzunehmen, was tatsächlich geschieht, starren wir darauf, was unserer Meinung nach sein sollte – und setzen unsere Energie darein, Illusionen und Traumgebilden nachzuhecheln. So aber verfehlen wir die Wahrheit unseres Lebens, denn »nichts macht einen wahren Menschen als das Aufgeben des Willens«. Ein besseres Projekt der »Stressreduktion« scheint noch nicht gefunden.

Meister Eckhart (1260 – 1328)

Kurz vor seinem Tod wurde dieser außergewöhnliche Theologe vom Papst der Ketzerei bezichtigt, nachdem er zuvor als Wissenschaftler, Ordensrepräsentant und Seelsorger in höchstem Ansehen stand. Zweimal hatte er den bedeutendsten theologischen Lehrstuhl in Paris inne; und als einem Oberen des Dominikanerordens oblag ihm die Aufsicht über die Klöster in einem Gebiet, das weite Teile Deutschlands und Tschechiens umfasste. Als Supervisor predigte er den spirituell erregten Männern und Frauen entlang des Rheins. Vor allem diese Predigten Eckharts lassen den Lebemeister und Mystiker erkennen, der heute wieder neu geschätzt wird.

Wissen und Weisheit

Bildung zur Persönlichkeit

Nie zuvor gab es so viel Wissen wie heute. Und nie war es leichter, darauf zuzugreifen. Aber haben wir auch die Weisheit, unser Wissen gut anzuwenden? Weisheit ist mehr als Expertentum. Sie wächst aus Erfahrung.

•••••

Schulen und Universitäten gelten heute als reine Ausbildungsstätten. Effizient müssen sie sein, profitabel und nützlich, um rasch neue Arbeitskräfte auf den Markt zu bringen. Die Vordenker des modernen Bildungswesens sahen das anders. Sie waren der Auffassung, dass Bildung vor allem den Auftrag habe, Persönlichkeiten zu formen und Menschen darin zu unterstützen, ihr Potenzial zu entfalten. Musische Qualitäten und ein gutes Sprachgefühl galten ihnen als unabdingbare Voraussetzungen für ein gutes Leben. Praktische Weisheit und nicht theoretisches Expertentum schien ihnen erstrebenswert. Vieles spricht dafür, dass dieser Ansatz noch immer richtig ist.

Beim Stichwort »Weisheit«
denken viele Menschen immer noch an einen alten Mann mit weißem Bart. Ist Weisheit wirklich eine Frage des Alters?

Einst zog der Athener Kleinias nach Delphi, um von dem berühmten Orakel Auskunft darüber zu erhalten, wer der weiseste aller Menschen sei. »Sokrates« habe Apollon ihn wissen lassen, was der solcherart Gepriesene aber nicht glauben wollte. Deshalb schickte Sokrates sich an, dem Gott das Gegenteil zu beweisen: Er machte sich auf, seine als »Wissende« oder »Weise« in Ansehen stehenden Mitbürger zu befragen, um im Vergleich mit ihnen seine eigene Unwissenheit ans Licht zu bringen.

Der Versuch misslang, denn die vermeintlich Wissenden konnten der Dialogkunst des Sokrates nicht standhalten. So berichtet er in seiner von Platon niedergeschriebenen Verteidigungsrede vor dem Athener Volksgericht von der Begegnung mit einem namhaften Politiker, dem er gehörig auf den Zahn fühlte und dabei feststellte, dass dieser Promi keineswegs weiser sei als er, Sokrates, selbst. Da, so sagt er, habe er sich gedacht: »Weiser als dieser Mann bin ich nun freilich. Denn es mag wohl keiner von uns beiden etwas Besonderes wissen, allein dieser doch meint zu wissen, obwohl er nicht weiß, ich aber, wie ich eben nicht weiß, so meine ich es auch nicht.«

Wissen und Weisheit

Weisheit, so viel wird hier erkennbar, zeigt sich darin, die Beschränkungen des eigenen Wissens anzuerkennen. Mehr noch: Es zeigt sich, dass Weisheit nichts mit einer besonderen Sachkenntnis zu tun hat. Expertenwissen macht wahrlich noch keinen Weisen, und wenn es sich in unserem Sprachgebrauch eingebürgert hat, eine handvoll Ökonomen als »Wirtschaftsweise« zu bezeichnen, spricht daraus eine gründliche Unkenntnis davon, was Weisheit tatsächlich ist.

Aber was ist Weisheit? Für Sokrates zeigt sie sich nicht im theoretischen Wissen der Fachleute, sondern daran, wie man seine Kenntnisse anzuwenden weiß – welchen Gebrauch man davon im praktischen Leben macht und in welchem Maße sie so eingesetzt werden, dass es dem Leben förderlich ist. Dazu muss man freilich wissen, worin die eigentliche Qualität des Lebens besteht; man muss wissen, wie man sein Wissen so zur Anwendung bringt, dass es die Lebendigkeit jedes Einzelnen, aber auch eines Gemeinwesens fördert. Weisheit, so lässt sich von Sokrates lernen, ist Wissen um das gute Leben. Es geht hier also nicht um ein Expertenwissen, das man in Lexikonartikeln niederschreiben und nachlesen kann. Es ist kein theoretisches Wissen, das man aus dem Internet downloaden und sich per Mausklick einverleiben könnte. Nein, das Wissen um das gute Leben ist von der Art praktischen Wissens – man muss es sich antrainieren, es einüben. So wie man ein Musikinstrument spielen lernt oder sich eine bestimmte handwerkliche Fertigkeit praktizierend aneignet.

Dafür braucht man sicher Erfahrung, und trotzdem ist Alter allein kein Garant für Weisheit. Im Gegenteil: Alte Narren sind häufiger als alte Weise; denn Weisheit stellt sich nicht von selbst ein, sondern nur wenn man sich des eigenen Nichtwissens bewusst ist und unablässig – wie Sokrates – das Gespräch sucht, um herauszufinden, was das Leben gelingen lässt. Und das kann man schon in jungen Jahren.

Sokrates (470 – 399 v. Chr.)

Er ist die Galionsfigur des europäischen Geistes, der Inbegriff des Philosophen: ein glühender Liebhaber (philos) der Weisheit (sophía). Weil er sich treu bleiben wollte, nahm Sokrates die zu Unrecht über ihn verhängte Todesstrafe in Kauf. Weil er sich der Wahrheit verpflichtet wusste, scheute er sich nicht, anderen die Lügenhaftigkeit ihres Lebens aufzudecken. Den einen war er verhasst, die anderen liebten ihn. Sein Schüler Platon etwa, dem wir den Großteil unseres Wissens über Sokrates verdanken. Sokrates selbst hat keine Zeile geschrieben. Er war ein Mann des Wortes und ein Freund der Menschen. Sein Leben war ihm ein Gottesdienst an seinem Schutzgott Apoll – und an Eros, dem Liebesgott, dem er sich besonders verbunden wusste.

Wir leben in einer sogenannten »Wissensgesellschaft« und können alle erdenklichen Informationen jederzeit und überall aus dem Internet herunterladen. Was muss man heute eigentlich noch lernen?

———•••••———

Google und Wiki hin oder her: Es ist und bleibt sinnvoll, sich auf unterschiedlichen Gebieten möglichst fundierte Sachkenntnisse anzueignen und unabhängig zu sein von den großen virtuellen Wissensspeichern im Internet. Und das nicht nur, um bei Quizspielen buona figura zu machen, sondern vor allem, um rasch und effizient auf bestimmte Situationen reagieren zu können. So ist es nützlich, beim Pilzesammeln zu wissen, welches der Fundstücke genießbar ist und welches einen ins Jenseits befördern könnte. Auch hilft es manchmal, zu wissen, wann dieses oder jenes Ereignis geschah oder wie sich die atomare Struktur eines Wassermoleküls beschreiben lässt. All das ist nützlich und gut, und es lohnt deshalb den Schweiß der Tapferen, sich solche Kenntnisse einzutrichtern.

Ebenso ist es mit dem Erlernen von Sprachen. Wer ordentlich Englisch reden will, kommt nicht drum herum, bis zum Abwinken Vokabeln zu pauken. Aber – und das ist der springende Punkt – um eine Sprache zu beherrschen, ist es damit nicht getan. Wichtiger noch ist zu lesen, zu hören, zu reden –

kurz: zu praktizieren. Lernen braucht Erfahrung. Deshalb ist es so wichtig, dass in Lehranstalten nicht nur gebüffelt, sondern auch gehandelt wird.

Um eine echte, lehrreiche Erfahrung zu machen, bedarf es dann aber einer inneren Grundhaltung der Offenheit und Bereitschaft, sich etwas sagen und mitteilen zu lassen. Diese offene Grundhaltung lässt sich am besten als Gestus des Fragens bezeichnen. So lehrt auch die empirische Forschung, dass Menschen dann am besten lernen, wenn sie von Fragen bewegt werden – von Fragen, die sie umtreiben, ihnen unter den Nägeln brennen. Je größer das Interesse an einer Antwort, desto tiefer wird sie sich in unser Gedächtnis einprägen.

Wer andere etwas lehren will, muss deshalb dafür Sorge tragen, dass sie sich wirklich für die Materie interessieren – ach was: dass sie darauf brennen, den »Stoff« zu lernen. Denn dann wird es ihnen Spaß machen, sich mit etwas zu beschäftigen und Erfahrungen zu sammeln – und nur dann werden sie auch gründlich lernen. Echtes Lernen setzt also leidenschaftliches Fragen voraus. Es ist viel mehr als das bloße Ansammeln von Informationen.

Der Philosoph Martin Heidegger hat einmal gesagt: »Das Fragen ist die Frömmigkeit des Denkens.« Er wollte damit sagen, dass echtes, wirkliches Denken den Mut voraussetzt, alles bereits Gewusste infrage zu stellen, sich nie mit dem, was man weiß, zufriedenzugeben, nach immer neuen, besseren, präziseren Antworten auf die Fragen des Lebens Ausschau zu halten. Heidegger war davon überzeugt, dass das Festhalten an bestimmten Deutungen und Antworten uns Menschen daran hindert, ein eigentliches, authentisches Leben zu führen und dass unsere Fixierung auf anerkannte Antworten, Theorien, Meinungen, Weltanschauungen, Wissenschaften verhindert, dass wir dazulernen. Er hielt es für wichtig, sich und die Welt infrage zu stellen, sich auf Neues und Ungewohntes einzulassen – eine Fertigkeit, die niemand aus dem Internet herunterladen kann, die aber immer neu erprobt werden muss.

Martin Heidegger (1889 – 1976)

Für manche ist er tabu, für andere ein philosophischer Prophet. In Ungnade gefallen ist Martin Heidegger durch seine Verstrickung mit den Nationalsozialisten, deren Parteigänger er eine Weile war. Lesenswert sind seine Werke gleichwohl, weil er sich wirklich auf geistiges Neuland vorgewagt hat – und weil das auch von dem Versuch bewegt war, etwas aus der Katastrophe der Nazizeit zu lernen. So kreiste Heideggers Denken zuletzt um die Frage, wie ein Denken aussehen könnte, das gänzlich mit der alten Philosophie und Wissenschaft bricht. Denn von diesen erwartete er keine Besserung der Welt: »Nur noch ein Gott kann uns retten«, sagte er zuletzt.

Irgendwann stehen Eltern
vor der Frage: Auf welche Schule
schicke ich mein Kind? Woran kann man
die Qualität einer Schule erkennen?

Es gibt wenige Themen, über die so gerne und leidenschaftlich gestritten wird, wie Schule. Ob Eltern, Schüler, Lehrer, Politiker – schwerlich findet man eine Schule, von der alle Beteiligten gleichermaßen begeistert sind. Wo so viel Konfusion waltet, ist es manchmal nicht verkehrt, sich auf die Tradition zu besinnen. Denn die Menschen der Vergangenheit waren noch nicht von der heute herrschenden ökonomischen Weltsicht durchdrungen, die lehrt, dass alles den Erfordernissen der Wirtschaft dienen müsse. Auch die Bildung. Als ob Schule nur die Aufgabe hätte, junge Leute so rasch wie möglich zu leistungsfähigen Marktteilnehmern auszubilden. Dabei ist es genau das, was ihnen meist nicht bekommt. Ausbildung, so scheint es, wird immer mehr zum Aus der Bildung.

Vor zweihundert Jahren dachte man anders: »Der wahre Zweck des Menschen, welchen die ewig unveränderliche Vernunft ihm vorschreibt, ist die höchste und proportionierlichste Bildung seiner Kräfte zu einem Ganzen«, schrieb der wohl bedeutendste deutsche Bildungspolitiker aller Zeiten, Wilhelm von Humboldt. Er war davon überzeugt, dass Bildung und Schule allein dazu da sind, Menschen darin zu unterstützen, das in ihnen angelegte Potenzial zu entfalten und eine profilierte eigene Persönlichkeit zu entwickeln.

Das wichtigste Instrument dazu ist für Humboldt die Sprache, weshalb er größte Sorgfalt auf die Vermittlung der Sprachfähigkeit verwendet sehen wollte. Doch ebenso legte er größtes Gewicht auf die musische Ausdrucksfähigkeit. Denn alle Kräfte des Menschen – intellektuelle wie emotionale, kognitive wie musische – sollen durch Bildung zu einer ganzen und reifen Persönlichkeit verbunden werden. Eine gute Schule lässt also Platz für Musik und Kunst, Sport und Werken; und legt Wert darauf, Kinder zu sprachfähigen jungen Menschen zu machen.

Wilhelm von Humboldt
(1767–1835)

Schon als 13-Jähriger sprach er fließend Lateinisch, Griechisch und Französisch. Später gingen Wilhelm von Humboldt und sein jüngerer Bruder Alexander bei Goethe ein und aus. Doch war Wilhelm kein bloßer Intellektueller. Er war auch Politiker und diente seinem Staat unter anderem als Leiter der Sektion »des Kultus und des Unterrichts«. In dieser Funktion wurde er mit der Gründung der nach ihm benannten Berliner Universität betraut – und zum Namensgeber des humboldtschen Bildungsideals.

Facebook, Twitter, Blogs:
Das Internet hat die Welt grundlegend verändert.
Aber tut es uns auch gut?
Schadet es womöglich unseren Kindern?

———•••••———

Martin Heidegger nannte sie »das Haus des Seins«, Friedrich Hölderlin sprach vom »gefährlichsten aller Güter«: die Sprache. Mit ihr erschließen wir die Welt, sie prägt unser Denken und unsere Wahrnehmung. Und sie stiftet Gemeinschaft: »Was haben wir denn Gemeinsameres als unsere Sprache und Literatur?« fragte Jacob Grimm, der zusammen mit seinem Bruder Wilhelm ein Wörterbuch anfertigte, das Herkunft und Gebrauch jedes deutschen Wortes erläutern sollte. Denn die Gebrüder Grimm waren überzeugt, dass die Qualität eines Gemeinwesens und seiner Kultur wesentlich davon abhängt, welche Sprache von den Menschen gesprochen wird.
Und sie waren in Sorge. Denn bei ihren Studien hatten sie festgestellt, dass Sprache dauernd im Fluss ist – in einem Fluss, der sich als Niedergang beschreiben lässt. »Man wird endlich erkennen, dass auf den alten Zeiten der Völker der erste Glanz der Sonne und das Morgenrot gelegen sei«, folgerten sie aus den ältesten Zeugnissen der ihnen bekannten Sprachen.
Und tatsächlich: Wie trivial und flach erscheint das heutige Deutsch im Vergleich zu dem der Grimms!

Wissen und Weisheit

Vergleichen Sie den Brief aus der Feder einer Dame um 1800 mit einer E-Mail von heute – das ist, als ob sie eine Kinderzeichnung neben einen Rembrandt halten; ganz zu schweigen von dem Sprachgebrauch, der in sozialen Netzwerken gepflegt wird. Weiter war die Sprache nie von ihrer höchsten Form, der Poesie, entfernt.

Sprache, so scheint es, ist heute zu einem Tool der Informationsübertragung degeneriert. Was – wenn wir den Grimms folgen – deshalb bedauerlich ist, weil eine flache Sprache nur noch eine flache Kultur hervorbringen kann. Wenn neue Medien dazu führen, sind sie wirklich schädlich. Achten Sie deshalb bei sich und Ihren Kindern darauf, gutes Deutsch zu schreiben und zu sprechen.

Jacob (1785 – 1863) und Wilhelm (1786 – 1859) Grimm

Sie waren weit mehr als nur die allseits bekannten Märchenonkels. Denn die eigentliche Leidenschaft der Brüder Grimm galt der Sprache. Unermüdlich sammelten und forschten sie, um die deutsche Sprache zu ergründen und in ihrem Bestand zu sichern. Zunächst fanden sie dabei wenig Resonanz und lebten von ihrem kargen Salär als Bibliothekare in Kassel. Erst 1840 wurden die beiden nach Berlin berufen, wo sie nunmehr frei von finanziellen Sorgen ihrer Arbeit nachgehen konnten.

Immer wieder hört man:

»Das Buch musst du gelesen haben!«
Manchmal haben wir aber gar keine Lust dazu.
Sind wir deshalb schon Kulturbanausen?

Die Philosophen Max Horkheimer und Theodor W. Adorno sahen mit großer Sorge, dass »Kultur« in der Moderne zu einer Ware umformatiert wurde: zu einem Konsumartikel, dessen Wert sich nach seinem Nutzen bemisst. Kulturerzeugnisse, so ihre These, haben heute nur dann noch die Chance, von einem Publikum wahrgenommen zu werden, wenn es den Leuten nützlich erscheint, Geld dafür zu investieren: etwa, weil man sich damit schmücken kann, bei den jährlichen Wagnerfestspielen in Bayreuth gewesen zu sein.

Weitere Belege für ihre These finden die Philosophen in der populären Kultur: Ob nun die Produzenten von Kinofilmen, Popmusik oder Musicals – sie alle arbeiten im Sog einiger weniger Leitfragen: »Wie mache ich am meisten Profit?« oder »Was bringt die höchste Quote?« Bildung spielt dabei keine Rolle mehr. Typisch für die Kulturindustrie, so Adorno, ist »der unmittelbare und unverhüllte Primat der in ihren typischen Produkten genau durchgerechneten Wirkung«.

Das von Kulturmanagern und Programmdirektoren ewig wiedergekäute Argument, die Konsumenten könnten durch den Kauf ihrer Tickets oder die Wahl ihres Programms selbst entscheiden, welche Art von »Kultur« sie genießen wollen, entlarvten Horkheimer und Adorno als Illusion. Mitnichten habe der Mensch heute die Chance, seine Kultur mitzugestalten. Denn der Kulturbetrieb sei eine Manipulationsmaschine, die authentische Kultur gar nicht mehr entstehen lasse. Das Einzige, was einem kulturinteressierten Menschen noch bleibe, sei, sich diesem Betrieb zu verweigern.

Es gibt nichts, was man gelesen oder gesehen haben muss. Außer das, was Sie so tief anspricht, dass es wie der von Rilke besungene Torso Apollons zu Ihnen spricht: »Du musst dein Leben ändern!«

Max Horkheimer (1895 – 1973)
Theodor W. Adorno (1903 – 1969)

Ihre These von der Zerstörung der Kultur durch ihre Umformatierung zur Konsumindustrie haben Max Horkheimer und Theodor W. Adorno erstmals in ihrem gemeinsamen Werk »Die Dialektik der Aufklärung« von 1944 vorgestellt. Darin zeigen sie, dass alles, was in der westlichen Welt »Aufklärung« heißt, von vornherein zweideutig ist und eine Tendenz zur Herrschaft über alles Lebendige in sich trägt. Den Grund dafür sahen sie im Ökonomismus, in der Technikfixierung der Moderne und in den politischen Unterdrückungssystemen in Ost und West.

Natur und Ökologie

Rückbesinnen auf das, was natürlich ist

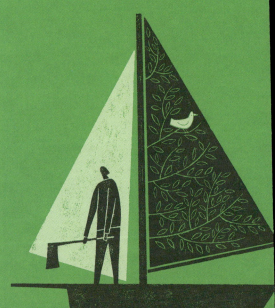

Mit der Idee, die Natur beherrschen und ausbeuten zu dürfen, hat der Mensch viel Unheil über die Erde gebracht. Heute kommt es darauf an, die Entfremdung des Menschen von der Natur zu überwinden.

•••••

Flutkatastrophen und Erdbeben, Wirbelstürme und Dürrezeiten: Manchmal will es scheinen, die Natur habe der Menschheit den Kampf angesagt. Was durchaus verständlich wäre. Denn was haben wir nicht alles der Erde angetan? Verseuchte Ozeane, gerodete Wälder, vergiftete Luft.

Kein Zweifel: Etwas ist aus dem Gleichgewicht geraten. Wir haben zu lange so gelebt, als könnte uns die natürliche Umwelt egal sein – als könnten wir die Natur nach Maßgabe unserer eigenen Interessen und Bedürfnisse ausbeuten. Heute wissen wir, dass es so nicht weitergehen kann: dass wir uns unter das Maß der Natur stellen und die Ehrfurcht vor dem Leben wiederentdecken müssen.

Krankheiten, Erdbeben, Überflutungen: Die Natur macht uns Menschen ganz schön zu schaffen. Warum sollten wir sie also nicht mithilfe unserer Technik unterwerfen – aller Öko-Ideologie zum Trotz?

───•••••───

Dass der Mensch der »Herr und Meister der Natur« sein könne oder gar solle, ist eine Idee, die erstmals von dem Philosophen René Descartes ausgesprochen wurde. Dies sei »nicht bloß für die Erfindung zahlloser Verfahrensweisen wünschenswert, die uns die Früchte und Behaglichkeiten der Erde ohne Mühe gewähren würden, sondern auch für die Erhaltung der Gesundheit, die das höchste Gut dieses Lebens und die Grundlage für alles andere ist.« Das schrieb er im Jahre 1637, und es war der Startschuss zu einem Triumphzug der Technik und Ingenieurskunst, der das Antlitz der Erde vollständig verändern sollte.

Nun erforschten die Menschen die Naturgesetze, um sie sich nutzbar zu machen – mit enormem Erfolg: Krankheiten, die als unheilbar galten, sind verschwunden, einst unüberwindliche Ozeane können mit Flugzeugen in kurzer Zeit überquert werden, Telekommunikationsmittel wurden entwickelt, der Mensch setzte seinen Fuß auf den Mond und nutzt die Energie der Atome für die Energieerzeugung – aber auch für die Zerstörung ganzer Städte.

Natur und Ökologie

Die Errungenschaften der Technik haben viel Gutes bewirkt, aber auch fatale Folgen gezeigt. Und diese treten immer deutlicher zutage: Tschernobyl, Fukushima, Deep Blue Horizon, Exxon Valdez … – um nur ein paar Stichworte zu nennen. Die Meere sind vergiftet, bundeslandgroße Plastikmüll-Teppiche treiben auf dem Atlantik, die Polkappen schmelzen, die Arten sterben. Es scheint, der technische Fortschritt habe sich in sein Gegenteil gekehrt: Der Herr und Meister der Natur ist zum Knecht seiner eigenen Errungenschaften geworden und wird die Geister, die er rief, nun nicht mehr los.

Der Grund dafür liegt tief in der neuzeitlichen Denkweise, die von Descartes so entschieden vertreten wurde. Ihr markantestes Kennzeichen ist ein Dualismus, der die Welt mit allen Phänomenen in zwei ungleiche Hälften spaltet: Als einen Teil der Welt klassifizierte Descartes all das, was dem Menschen nur durch die Sinnesorgane zugänglich ist: alles Objektive. Dem gegenüber stellte er das, dessen Existenz uns auch dann noch gewiss ist, wenn wir alle Sinnesorgane abschalten würden: den denkenden Geist: »Ich denke, also bin ich«, sagte er und erklärte damit den Verstand zur einzig verlässlichen und deshalb zur Beherrschung der Natur berechtigten Wirklichkeit.

Doch diese Trennung von Geist und Natur hat uns nicht gut getan. Denn so wurde die Natur entgeistert und der Geist denaturiert. Das ist das Problem der Neuzeit. Und es ist dieses Problem, von dem alle Schattenseiten der Technik herrühren. Was ist zu tun? – Die Entfremdung von Geist und Natur muss rückgängig gemacht werden. Wir müssen wieder erkennen, dass wir selbst Natur sind – und Geist und Intelligenz ihre Aspekte.

Diese Einsicht ist nicht neu. Alle alten Kulturen wussten darum und lehrten, dass der Mensch unabdingbar in die Natur eingebunden ist; und dass es für sein Wohl und Wehe darauf ankommt, die rechte Balance mit der Umwelt zu halten. Daran muss unsere Technik Maß nehmen. Die Natur ist unsere Mutter, nicht unsere Feindin. Wenn wir das beherzigen, werden wir nur noch Technologien anwenden, die uns und dem Leben wirklich förderlich sind.

René Descartes (1596 – 1650)

Mitten im Dreißigjährigen Krieg, in einem Feldlager vor Ulm, überkam ihn der große Zweifel: Worauf kann man sich eigentlich noch verlassen in einer Welt, in der alles ins Wanken gerät, fragte sich René Descartes und fand die Antwort in sich selbst: Das eigene Denken ist verlässlich, an ihm ist kein Zweifel möglich, lehrte er, und wurde so zum Vater des modernen Subjektivismus, eines Denkens, dem gemäß der Mensch als geistiges Wesen befugt ist, die Natur als das ihm Andere zu unterwerfen. Die Öko-Bewegung hat ihn deshalb zu ihrem Lieblingsfeind erklärt.

Die Dinos sind ausgestorben,

und das Leben ging trotzdem weiter. Die Evolution lehrt, dass Arten kommen und gehen. Wozu dann der Hype um den Artenschutz?

Die erste große Öko-Bewegung fand um 1800 statt. Und zwar in Württemberg. Dort büffelten in der königlichen Eliteschule zu Tübingen drei junge Burschen, die es später zu Weltruhm brachten: Hegel, Schelling und Hölderlin. Was sie verband, war ein gemeinsames Projekt: Sie wollten der Entfremdung des neuzeitlichen Menschen von der Natur ein Ende bereiten. Für Hölderlin, den Dichter unter den dreien, war es das höchste Ziel des Lebens, in die Einheit mit der Natur zurückzukehren: »Eines zu sein mit Allem, was lebt, in seliger Selbstvergessenheit wiederzukehren ins All der Natur, das ist der Gipfel der Gedanken und Freuden.«

Ganz ähnlich tickte der Jüngste der drei Schwaben: Friedrich Wilhelm Joseph Schelling. Sein Genre war das Denken, und so arbeitete er an einer neuen Philosophie, die Mensch und Natur versöhnen sollte. Dabei kam er auf die Idee, der Mensch mit all seiner Intelligenz und seinem geistigen Können müsse selbst als Produkt der Natur gedeutet werden. Deshalb erklärte er in seiner »Naturphilosophie« das gesamte Universum als eine Art Selbstentfaltung des Geistes – als ein lebendiges Geschehen der

Selbstmitteilung des einen göttlichen Geistes in die Mannigfaltigkeit der sichtbaren und fühlbaren Lebewesen. So wurde Schelling – lange vor Charles Darwin – zum Urheber einer Evolutionstheorie; nur dass seine Evolution nicht nach dem Prinzip funktionierte, dass immer der Stärkere den Schwächeren von der Bühne des Lebens verdrängt, sondern dass das Leben selbst sich immer mehr verästelt, zergliedert: immer mehr Arten produziert, immer mehr Einzigartigkeit. Für ihn war die Natur ein »geistreiches« Geschehen, das auf Besonderheit und Vielfalt der Arten angelegt ist. Insofern ist Artenschutz das Gebot der Stunde. Denn mit jeder Art, die von der Erde schwindet, stirbt ein Stück des Lebens – unseres Lebens.

Friedrich Wilhelm Joseph Schelling (1775 – 1854)

Er war gerade mal 23 Jahre alt, da wurde Friedrich Wilhelm Joseph Schelling zum außerordentlichen Professor der Philosophie in Jena berufen. Dort hielt es ihn allerdings nicht lange, 1803 zog er nach Würzburg, von dort weiter nach München und Berlin, wo er allerdings nicht recht glücklich wurde, denn die Berliner Studenten hielten es mehr mit seinem früheren Studienkollegen Hegel. Das hat Spuren hinterlassen, denn noch immer wird Schelling wenig gelesen – obwohl er für die Gegenwart viel zu sagen hat.

Metzger finden keine Azubis

mehr, und im Restaurant traut man sich kaum noch ein Schnitzel zu bestellen. Müssen wir jetzt alle Vegetarier werden?

———••••———

Wer heute auf Fleischkonsum verzichtet, hat wahrlich gute Gründe auf seiner Seite. Denn was täglich in den industriellen Tötungsanlagen unserer Schlachthöfe und Agrarbetriebe stattfindet, kann wirklich niemand gutheißen. Hier wird die Natur auf eine Weise entwürdigt, vergewaltigt und missbraucht, die weit entfernt von jeder Natürlichkeit und Achtung des Lebens ist.

Damit ist aber nicht gesagt, dass es per se unmoralisch oder unanständig wäre, Fleisch zu essen. Anderenfalls müssten wir alle indigenen Völker der Arktis verdammen, die ob der in ihren Breiten chronischen Knappheit von Obst und Gemüse mehr als 90 Prozent ihrer Nahrung aus Fisch und Fleisch beziehen. Von ihnen kann man allerdings auch lernen, wie ein maßvoller und achtsamer Fleischkonsum aussieht: Den Tieren werden Wertschätzung und Dank gespendet, bevor man sie sich einverleibt. Und es wird nie mehr gejagt, als für das eigene Überleben notwendig ist.

Tiere zu essen ist nicht unnatürlich. Wer meint, Fleischesser verstoßen gegen die Natur, muss sich vorwerfen lassen, ein sehr flaches, idealisierendes

Verständnis von der Natur zu haben. Er sollte vielleicht einmal bei Georg Christoph Tobler in die Schule gehen, einem wenig bekannten Schweizer Autor, den Goethe in seiner Jugend sehr schätzte. Aus Toblers Feder stammt der vielleicht radikalste und klarste Blick, der je auf die Natur geworfen wurde: »Auch das Unnatürlichste ist die Natur. Wer sie nicht allenthalben sieht, sieht sie nirgendwo recht«, schrieb er 1783. Und: »Sie ist alles. Sie belohnt sich selbst und bestraft sich selbst, erfreut und quält sich selbst. Sie ist rau und gelinde, lieblich und schrecklich, kraftlos und allgewaltig. Alles ist immer da in ihr.« Womit Schnitzelfans und Vegetariern gleichermaßen Absolution erteilt wäre.

 ## Georg Christoph Tobler
(1757 – 1812)

Über den Mann ist wenig bekannt, und die Forschung ist sich nicht einmal sicher, ob er tatsächlich der Urheber des im Jahre 1783 im »Tieffurter Journal« erschienenen Essays »Natur« ist. Lange Zeit glaubte man, Goethe habe ihn geschrieben, doch erscheint es heute am wahrscheinlichsten, dass der junge Schweizer, der in den 80er-Jahren des 18. Jahrhunderts zum Goethekreis zählte, die Schrift verfasst hat. So oder so handelt es sich bei dem Essay um ein großartiges Stück deutscher Literatur und um eines der Ursprungsdokumente der deutschen Romantik.

Das mit den Bio-Produkten

ist ja alles schön und gut. Nur sind sie durchweg teurer als konventionelle Produkte. Warum sollte man sie trotzdem kaufen?

Das Wort »Bio« kommt aus dem Griechischen und bedeutet so viel wie »Leben«. Und damit ist die Antwort schon gegeben. Zumindest, wenn wir Albert Schweitzer folgen, der die Ehrfurcht vor dem Leben zum Maß aller Dinge ernannte. Kurz vor dem Ersten Weltkrieg, im Jahre 1919, sagte der Theologe und Arzt in einer Predigt: »Gut ist: Leben erhalten und fördern; schlecht ist: Leben hemmen und zerstören. Sittlich sind wir, wenn wir aus unserem Eigensinn heraustreten, die Fremdheit den anderen Wesen gegenüber ablegen und alles, was sich von ihrem Erleben um uns abspielt, miterleben und miterleiden.«

Wenn Bio-Produkte dazu dienen, Leben zu erhalten und Leben zu fördern, tragen sie ihren Namen zurecht. Dann ist es gut, sie zu konsumieren, denn dann sind sie Lebensmittel im eigentlichen Sinn des Wortes. Und wir sind gefordert, unsere Bequemlichkeit und unsere »Geiz-ist-geil-Mentalität« hintanzustellen, wenn wir vor der Entscheidung stehen: »Kaufe ich Bio oder kaufe ich billig?« Denn wer sich für billig entscheidet, verrät sich selbst – während »Bio« mit unserem Menschsein und unserer Moral im Einklang ist. Da gab es für Schweitzer nichts zu deuten. Fragt sich nur, wie man das philosophisch begründen kann. Die Antwort darauf kam Schweitzer gleich einer Eingebung. Er war unterwegs in Afrika, mit einem Boot auf einem Fluss. Da erblickte er im Abendlicht einige Flusspferde, die sich auf den Uferbänken ausgestreckt hatten. Dieses Bild habe einen Satz in ihm entstehen lassen: »Ich bin Leben, das leben will, inmitten von Leben, das leben will.«

Sich diesen Umstand zu Bewusstsein zu bringen, ist für Schweitzer Anfang und Ende aller Ethik. Sie beruht für ihn auf einem Ereignis der Bewusstwerdung, das sich dann zu einer – wie er sagt – »Gesinnung« verdichtet. Er selbst beschreibt diesen Prozess der Verdichtung wie folgt: »Der denkend gewordene Mensch erlebt die Nötigung, allem Willen zum Leben die gleiche Ehrfurcht vor dem Leben entgegenzubringen wie dem seinen.«

Hier zeigt sich: Worum es Schweitzer allem voran geht, ist ein bewussteres Erleben des eigenen und des fremden Lebens. Das Miterleben – das den Menschen von allen anderen Wesen unterscheidet und deshalb der eigentliche Grund der Humanität ist – erweist sich als Essenz und Summe der Beziehung des Menschen zur Natur. Und deshalb kann Schweitzer die Forderung formulieren: »Lasst euch nicht abstumpfen, bleibt wach!« Wobei wir wohl einsehen müssen, dass es angesichts der Kampagnen von Werbestrategen und Marketingleuten nicht leicht ist, diesem Imperativ zu folgen, wollen sie uns doch fortwährend einreden, nicht die Ehrfurcht vor dem Leben solle unserem Konsum das Maß geben, sondern die Ehrfurcht vor dem eigenen Geldbeutel und dem eigenen Vergnügen: Hauptsache billig, Hauptsache ich – so lautet das ewige Mantra, mit dem sie an unsere niedrigsten Instinkte appellieren und uns einlullen.

Wenn wir jedoch unserer menschlichen Würde gerecht werden wollen, wenn wir wahrhaft Mensch und nicht nur Konsument sein wollen, dann sollten wir die Ehrfurcht vor dem Leben wiederentdecken: dann sollten wir Rücksicht nehmen auf alle anderen Wesen, die uns umgeben – und deren jedes genau wie wir selbst Maschen in dem großen Lebensnetz der Natur sind.

Albert Schweitzer (1875 – 1965)

Er war evangelischer Theologe und Pianist, Arzt und Philosoph. Und darüber hinaus offenbar ein mutiger und liebenswerter Mensch, der sich nicht nur für die leidenden Menschen in Afrika einsetzte, indem er vor Ort in seiner berühmten Klinik von Lambaréné Hand anlegte, sondern auch gegen die Verbreitung von Atomwaffen eintrat. Das brachte ihm 1953 den Friedensnobelpreis ein. Getragen war sein Engagement von der Idee der »Ehrfurcht vor dem Leben«.

Spiritualität und Religion

Sich öffnen für das Unendliche

*Es gibt eine Tiefendimension des Lebens,
aus der uns Sinn und Trost zuwachsen.
Sich mit ihr zu verbinden, ist das Anliegen
aller spirituellen Wege. Dafür kann, muss
man aber nicht einer Religion angehören.*

•••••

Der Glaube an Gott oder Götter hat zu allen Zeiten Menschen beflügelt und inspiriert – er hat aber auch Kriege provoziert und Unheil in die Welt gebracht. Von alters her hat das die Philosophen dazu veranlasst, ein kritisches Licht auf Religion und Spiritualität zu werfen. Oft haben sie aber dabei das Kind mit dem Bade ausgeschüttet und all das Kostbare und Heilsame, das den Religionen inne wohnt, verworfen.

Tatsächlich sind weder blindes Nachbeten noch blinde Ablehnung das Mittel der Wahl. Es braucht einen nüchternen Blick auf die Inhalte der Religionen, der danach fragt, ob sie im Dienste des Lebens stehen und den Menschen tatsächlich in die Dimension der Tiefe zu führen vermögen.

»Ich glaube an Gott« –
das sagen heute viele Menschen,
wollen aber mit Religion und Kirche nichts
zu tun haben. Geht das: Kann man fern aller
Institutionen religiös sein?

———•••••———

Man muss sich davor hüten, Religiosität mit Religion zu verwechseln – die lebendige innere Beziehung des Menschen zu einer tieferen Dimension des Lebens mit der organisierten äußeren Erscheinungsform dieser Beziehung. Das jedenfalls ist die Pointe einer der bis heute lesenswertesten Abhandlungen zum Thema Religion. Schon ihr Titel verrät ihren Charme: »Reden über die Religion an die Gebildeten unter ihren Verächtern«. Ihr Autor heißt Friedrich Schleiermacher; ein protestantischer Pastor, aber ein untypischer, war er doch ein Liebhaber der griechischen Philosophie, die ihn zu seinen religionsphilosophischen Erwägungen inspirierte.
Schleiermacher beginnt seine Reden damit, dass er den Zuständigkeitsbereich der Religionen radikal einschränkt. Weder sei es deren Sache, unverrückbare Wahrheiten über die Welt oder ewig gültige Dogmen zu formulieren; noch gehöre es zu ihren Aufgaben, moralische Regeln und Gebote aufzustellen. Wahrheit zu ermitteln, sei vielmehr Gegenstand der Wissenschaft, ethische Richtlinien aufzustellen, Thema der Moralphilosophie. Wenn die Inquisition

Spiritualität und Religion

einst Wissenschaftler und Forscher der Ketzerei bezichtigte, weil sie den Mut hatten, die Wahrheitsansprüche der Kirche in Frage zu stellen, war das in Schleiermachers Augen ebenso ein Verrat an der Religion wie das Unterfangen der Kirchen, sich als moralische Autoritäten zu inszenieren, die meinen, das menschliche Leben maßregeln zu müssen. Mit Religion hat das nur von ferne zu tun, denn – so Schleiermacher – »ihr Wesen ist weder Denken noch Handeln, sondern Anschauung und Gefühl«. Und er setzt noch eins drauf und sagt: »Religion ist Sinn und Geschmack fürs Unendliche.«

Sinn und Geschmack, Gefühl, ein Sich-ergreifen-Lassen vom Unendlichen. Das ist es, worum es bei aller Religiosität eigentlich geht. Es geht darum, mit einer Wirklichkeitsdimension in Beziehung zu treten, die weiter und größer ist als der enge Horizont unserer persönlichen Identität. Es geht darum, sich einzulassen auf das Geschenk des Lebens mit allen seinen Unwägbarkeiten – Ernst damit zu machen, dass wir nicht die Kontrolle haben; einzusehen, dass wir den Sinn unseres Lebens nicht selbst erzeugen können. All diese oft krampfhaften Bemühungen, kraft derer wir die Welt und das Leben nach unserem Bilde, nach unseren Wünschen und Vorstellungen formen wollen, verdampfen im Herzen, sobald es vom Sinn und Geschmack des Unendlichen erfüllt ist. Ob man »das Unendliche« dabei »Gott« oder »Allah«, »Geist« oder »Himmel«

nennt, ist nebensächlich. Wichtig ist, sich ergreifen zu lassen von einer Dimension des Lebens, die sich unserer Verfügbarkeit entzieht, die wir nicht gemacht haben und von der wir doch auf gewisse Weise abhängen, weil wir von ihr unser Leben als Geschenk bekommen haben. Religiosität heißt, sich in Dankbarkeit und Liebe immer neu dieser Dimension zu öffnen und dabei jeder egoistischen Selbstbezogenheit und allen dogmatischen und ethischen Wahrheitsansprüchen Lebewohl zu sagen – um sich in das Gefühl des Unendlichen einzustimmen. Dafür kann man, muss man aber nicht in die Kirche gehen.

Friedrich Daniel Ernst Schleiermacher (1768 – 1834)

Man nennt ihn auch den »Theologen der Romantik«, weil er das Gefühl als theologische Kategorie zu Ehren brachte. Aber Friedrich Schleiermacher ist viel mehr als das: eine schier unerschöpfliche Inspirationsquelle für jedes Nachdenken über Gott und Spiritualität, das sich nicht in den engen Bahnen der theologischen Wissenschaft hält. Erschütternd so gesehen, dass man ihn heute kaum noch liest. Zu seinen Lebzeiten war das anders. Da wurde er vom preußischen König auf den theologischen Lehrstuhl der neuen Berliner Universität berufen, und auch sonst stand er in hohem wissenschaftlichen Ansehen.

Religiös motivierte Konflikte

sind an der Tagesordnung. Stets geht es darum, dass die einen ihre Religion für besser halten als die der anderen. Aber gibt es wirklich bessere und schlechtere Religionen?

Es gab lange Epochen der Menschheitsgeschichte, in denen niemand sich daran störte, dass die einen diesen Gott und die anderen jene Göttin verehrten. Streit kam erst auf, als die Menschen nur noch einen einzigen Gott verehren wollten. Und das Ganze eskalierte, als die drei großen monotheistischen Religionen – Judentum, Christentum und Islam – im Mittelalter aufeinanderprallten.

Von diesem Zusammenprall erzählt eines der schönsten Dramen der deutschen Literatur: »Nathan der Weise«, geschrieben 1779 von Gotthold Ephraim Lessing. Er präsentiert darin eine geniale Lösung, wie der Konflikt der Religionen friedlich, ja konstruktiv entschärft werden kann. Niedergeschrieben hat er sie in der berühmten Ringparabel, die er seinem Titelhelden in den Mund legt: Ein Mann besaß einen Ring, der seinem Träger die wunderbare Eigenschaft verlieh, »vor Gott und Menschen angenehm zu machen, wer in dieser Zuversicht ihn trug«. Da der Mann seine drei Söhne gleichermaßen liebte, ließ er zwei weitere Ringe anfertigen, die dem Original zum

Verwechseln ähnlich sahen. So konnte er einem jeden »den« Ring vererben. Den nun folgenden Streit der Söhne darüber, wer von ihnen den wahren Ring besäße, lässt Lessing durch einen Richter lösen. Dessen Spruch ist noch heute maßgeblich, wenn es darum geht, das »Besser« oder »Schlechter« von Religionen zu erwägen: »Wohlan! Es eifre jeder seiner unbestochnen von Vorurteilen freien Liebe nach! Es strebe von euch jeder um die Wette, die Kraft des Steins in seinem Ring an Tag zu legen!« Wahr und gut, so Lessing, ist eine Religion dann und nur dann, wenn sie den Menschen, der ihr nachgeht, adelt und liebenswert macht. Wenn Religion sich mit Hass und Terror verbindet, verrät sie sich selbst.

Gotthold Ephraim Lessing
(1729 – 1781)

Als Dramatiker ist er weithin bekannt, dass Gotthold Ephraim Lessing aber auch ein bedeutender Philosoph war, wissen die wenigsten. Was schade ist, denn von ihm stammen wunderbare Texte zur Religionskritik, die ihm gehörigen Ärger mit der protestantischen Geistlichkeit einbrachten. Aber auch der großen Liebe war er fähig. In Wolfenbüttel verliebte er sich in eine junge Frau, der er durch ganz Europa folgte. Doch als sie ihm 1777 den ersehnten Sohn gebar, starben Mutter und Kind an den Folgen der Geburt. Von diesem Schlag hat sich Lessing nicht mehr erholt.

»Gott ist tot«,

sagte Nietzsche. Doch die Menschen suchen ihn trotzdem: in der Kirche, beim Pilgern, in der Meditation. Wie ist das nun: Wo ist Gott? Und wenn ja, wie viele?

Von Heraklit aus Ephesos wurde schon in der Antike eine reizende Anekdote erzählt. Einst, so heißt es, kamen aus fernen Ländern Reisende, die dem großen Weisen aufwarten wollten. Doch trafen sie ihn in seinem Haus nicht an. Auch im Tempel war er nicht, nicht auf dem Marktplatz. Zuletzt entdeckten sie ihn an einem Ort, wo niemand ihn erwartet hatte: in einer Bäckerei. Da saß er am Ofen und rief den Fremden zu: »Tretet ein, denn auch hier sind Götter!«

Das war keine freundliche Floskel – das war ein Satz von tiefster Bedeutung, spricht sich in ihm doch der Geist der alten griechischen Religion aus: Die Welt ist durchdrungen vom Göttlichen – von einer Dimension der Tiefe, die allerorten zu finden ist, wenn man bereit ist, sie wahrzunehmen. Wer seinen Sinn für das Göttliche geschult hat, dem wird der profanste Ort zum Heiligtum, der braucht weder Kirche noch Tempel, um ihm zu begegnen.

Sich so zu Gott und der Welt zu verhalten, setzt freilich ein bestimmtes Verhältnis zum Heiligen voraus – eines, das die Erfahrung des Göttlichen weder an einen bestimmten Gott bindet noch an einen bestimmten Ort seines Erscheinens. Auch das kann man von Heraklit lernen, lehrte er doch: »Der Gott ist Tag und Nacht, Winter und Sommer, Krieg und Frieden, Sattheit und Hunger – er wandelt sich wie Feuer; mischt sich dies mit Duftstoffen, so heißt es nach dem jeweiligen Geruch.« Damit wollte er sagen: Das Göttliche ist größer als unser Verstand. In ihm sind alle Widersprüche aufgehoben. Vor allem der Widerspruch zwischen Einheit und Vielheit. Das Göttliche kann viele Namen tragen. Warum? Weil das Göttliche der Sinn des Lebens ist und sich überall da manifestiert, wo Leben wirklich lebendig ist – etwa am Bäckerofen.

Heraklit von Ephesos
(545 – 475 v. Chr.)

Schon in der Antike wurde er »der Dunkle« genannt. Denn seine Philosophie trug Heraklit in kurzen, oft schwer verständlichen Sprüchen vor. Vielleicht macht gerade das den Weisen aus Ephesos zu einer so überaus faszinierenden Gestalt. In den knapp 150 von ihm überlieferten Aphorismen ahnt man eine Weltsicht, die nachgerade modern anmutet, lehrte Heraklit doch, dass sich das Universum in einem fortwährenden Prozess des Werdens befindet, dabei aber doch von einer tiefen, die Harmonie der Welt immer neu herstellenden Intelligenz durchdrungen ist.

Über Jahrhunderte

haben Prediger behauptet, wer sündigt, werde am Jüngsten Tag von Gott bestraft. Müssen wir uns vor der jenseitigen Welt fürchten?

Vor dem Jenseits Angst zu haben, ist eine große Dummheit. So jedenfalls lehrte einst Epikur – ein griechischer Denker, der oft auch als »Philosoph der Freude« bezeichnet wird, meinte er doch, dass nichts daran verwerflich sei, ein heiteres Leben führen zu wollen. Nichts aber stehe dem inneren Frieden so sehr im Wege wie die Furcht.

Deshalb legte er größten Wert darauf, den Menschen die Angst zu nehmen – die Angst vor den Göttern und die Angst vor dem Tod. Götter waren in seinen Augen nicht nur die größten erdenklichen Spaßbremsen, nein, sie erschienen ihm auch vollkommen irrational. Irrational aber nicht deshalb, weil es Gott und Götter gar nicht gebe und deshalb die Furcht vor ihnen grundlos sei. Nein, Epikur war davon überzeugt, dass es Götter gibt; nur meinte er, dass die Götter keinerlei Einfluss auf die menschlichen Angelegenheiten nehmen. Zwar sorgen sie dafür, dass die Welt nicht aus dem Ruder läuft, davon abgesehen aber seien sie den Menschen gegenüber gleichgültig gesinnt. Deshalb hielt er auch nichts davon, durch Gebet oder Opfer die Gunst der Götter erzwingen zu wollen.

Am wichtigsten aber war ihm, den Menschen die Angst vor dem Tod zu nehmen. »Gewöhne dich daran zu glauben, dass der Tod keine Bedeutung für uns hat. Denn alles, was gut, und alles, was schlecht ist, ist Sache der Wahrnehmung. Der Verlust der Wahrnehmung aber ist der Tod. … Das schauerlichste aller Übel, der Tod, hat also keine Bedeutung für uns; denn solange wir da sind, ist der Tod nicht da, wenn aber der Tod da ist, dann sind wir nicht da«, schrieb er seinem Schüler Menoikeus. Wenn also mit dem Tod unsere Wahrnehmung verschwindet, dann gibt es tatsächlich nichts mehr, was uns im Jenseits schrecken müsste.

Epikur von Samos
(341 – 271 v. Chr.)

Auf der Liste der angefeindeten Philosophen steht Epikur ganz oben. Denn die Moralprediger aller Zeiten stießen sich an seiner philosophischen Lebenskunst, deren erklärtes Ziel es war, ein freud- und lustvolles Leben zu führen. Allerdings wurde er von seinen Gegnern meist falsch verstanden, unterstellten sie ihm doch, er wolle den fleischlichen Lüsten das Wort reden. Nichts lag ihm ferner, denn Freude war für ihn eine Frucht der Seelenruhe, weshalb er vor allem warnte, was Menschen in Unruhe versetzt, nicht nur vor Sex: »Man muss sich aus dem Gefängnis der Geschäfte und der Politik befreien«, riet er den Seinen.

Manchmal hat man
das Gefühl, den Boden unter den Füßen
verloren zu haben. Überall sucht man dann Halt
und findet ihn nicht. Was tun?

———•••••———

Es scheint ein Problem unserer Zeit zu sein: Menschen fühlen sich entwurzelt, haben das Gefühl zu schwimmen, wissen nicht mehr recht, worauf sie sich verlassen können und wo sie hingehören. Der Philosoph und Theologe Paul Tillich hat dies als Symptom einer umfassenden kulturellen, ja spirituellen Krise der westlichen Kultur gedeutet, die er auf den Begriff brachte, indem er sagte: Uns ist die »Dimension der Tiefe« verloren gegangen.

Tiefe – mit dieser Metapher meinte Tillich den tragenden Grund, den nährenden Boden, worin wir Wurzeln schlagen können; die Quellregion, aus der uns Sinn und Freude, Vertrauen und Liebe zuwachsen. Wer diese Dimension verloren hat, so Tillich, fragt nicht mehr, »woher er kommt und wohin er geht, was er tun und was er aus sich machen soll in der kurzen Spanne zwischen Geburt und Tod«. Diese Fragen, meinte Tillich, »werden nicht einmal mehr gestellt, wenn die Dimension der Tiefe verloren gegangen ist. Und genau dies hat sich in unserer Zeit ereignet«, schrieb er 1958.

Und seien wir ehrlich: Das ist seither nicht besser geworden. Oder wann haben Sie zuletzt mit Ihrem

Partner oder mit Ihren Freunden über diese großen existenziellen Fragen gesprochen? Wer nimmt sich schon noch die Zeit, über den Sinn seines Lebens nachzudenken? Ja, wer hat überhaupt noch die Zeit dazu, in die Tiefe zu gehen? Mit zunehmender Beschleunigung wuseln und hecheln wir auf der Benutzeroberfläche unseres Lebens herum, stürzen uns von einem Projekt in das nächste, verfolgen unsere Pläne, befriedigen unsere Wünsche, sorgen uns um Karriere, Partnerschaft und Gesundheit – und fühlen uns dabei doch leer und haltlos.

Folgt man Tillich, ist es gerade diese rastlose Betriebsamkeit, die uns von der Dimension der Tiefe abhält. Doch dafür müsse man niemanden tadeln, denn in gewisser Weise sind wir alle Getriebene eines Wirtschaftssystems und einer Gesellschaftsordnung, die es uns schwer bis unmöglich machen, dieser mörderischen Oberflächendynamik zu entkommen und in die Tiefe zu gehen. Zumal wir darüber hinaus noch von einer medialen Zerstreuungsindustrie berieselt werden, die alles daranzusetzen scheint, uns Menschen bloß ja nicht zur Besinnung kommen zu lassen.

Genau das aber täte not. »Der Mensch«, so Tillich, »kann nicht erfahren, was Tiefe ist, ohne stille zu stehen und sich auf sich selbst zu besinnen. Nur wenn er sich nicht mehr um das Nächste sorgt, kann er die Fülle des Augenblicks hier und jetzt erleben: des Augenblicks, in dem die Frage nach dem

Sinn seines Lebens in ihm erwacht.« Innehalten, sich sammeln – das sind probate Heilmittel, wenn einen das beängstigende Gefühl der Boden- und Haltlosigkeit überkommt.

Mittel und Wege dafür gibt es genug. Früher gingen die Menschen in die Kirche, um sich betend, singend und lauschend mit der Dimension der Tiefe zu verbinden. Andere gingen hinaus in die Natur, um zur Besinnung zu kommen und sich zu erden. Wieder andere zogen sich zur Meditation zurück, um in der Stille vor Anker zu gehen. So oder so: Was unserer modernen, der Tiefe verlustig gegangenen Welt am meisten nottut, sind Stille, Innehalten und Besinnung. Und damit kann man jederzeit anfangen.

Paul Tillich (1886 – 1965)

Wenige Denker haben die geistig-spirituelle Großwetterlage der modernen Welt so hellsichtig durchleuchtet wie Paul Tillich. Schon vor dem Zweiten Weltkrieg hatte der Religionsphilosoph und Theologe beobachtet, dass sich die kirchlich organisierte christliche Religion mehr und mehr von der weltlichen Kultur entfernt; ja, dass Kunst und Kultur längst die Rolle der Sinnvermittlung und Sinnstiftung von den Kirchen übernommen hätten. Wegen seiner sozialistischen Denkweise zwangen ihn die Nazis ins Exil. Tillich ging in die USA, wo er in den 1950er-Jahren sein großartiges Werk »Mut zum Sein« verfasste.

Bücher und Adressen

Bücher, die weiterhelfen

Gadamer, Hans-Georg: *Philosophisches Lesebuch,* 3 Bände, Fischer Taschenbuch Verlag

Gadamer, Hans-Georg: *Der Anfang der Philosophie,* Reclam Verlag

Knapp, Natalie: *Kompass neues Denken. Wie wir uns in einer unübersichtlichen Welt orientieren können,* rororo

Nida-Rümelin, Julian: *Über menschliche Freiheit,* Reclam Verlag

Quarch, Christoph: *Und Nietzsche lachte. Wie man mit Sokrates gelassen wird, sich mit Platon verliebt und trotz Kant den Sinn des Lebens findet,* Kailash Verlag

Quarch, Christoph: *hin & weg. Verliebe dich ins Leben,* J. Kamphausen Verlag

Quarch, Christoph: *Eros und Harmonie. Eine Philosophie der Glückseligkeit,* Herder Verlag

Schmid, Wilhelm: *Dem Leben Sinn geben: Von der Lebenskunst im Umgang mit Anderen und der Welt,* Suhrkamp Verlag

Schmid, Wilhelm: *Schönes Leben? Einführung in die Lebenskunst,* Suhrkamp Taschenbuch

Schmidt, Ina: *Alles in bester Ordnung oder wie man lernt, das Chaos zu lieben. Ein philosophi-

scher Wegweiser vom Suchen zum Finden,
Ludwig Buchverlag

Weber, Andreas: *Alles fühlt: Mensch, Natur und die Revolution der Lebenswissenschaften*, Berlin Verlag

Aus dem Gräfe und Unzer Verlag

Schneider, Maren: *Der kleine Alltagsbuddhist*
Küstenmacher, Tiki: *Eine Handvoll Glück*
Späth, Dr. Thomas; Shin Yan Bao: *Shaolin – Das Geheimnis der inneren Stärke*

Adressen, die weiterhelfen

Dr. Christoph Quarch, Fulda
Philosophische Reisen und Seminare
www.christophquarch.de

IGPP – Internationale Gesellschaft
für Philosophische Praxis e.V.
Logos-Institut, Lichtenstein
www.igp.org

modern life school, Hamburg
www.modernlifeschool.de

Der Autor

Dr. phil. Christoph Quarch ist Philosoph und Theologe, Autor und Publizist. Er hält Seminare zu Themen der philosophischen Lebenskunst.

© 2014 GRÄFE UND UNZER VERLAG GmbH, München
Alle Rechte vorbehalten.

Projektleitung: Anja Schmidt
Lektorat: Ulrike Auras
Covergestaltung und Layout: independent Medien-Design, Horst Moser, München
Illustrationen: Jean-Manuel Duvivier
Herstellung: Sigrid Frank
Satz: Kösel, Krugzell
Repro: Longo AG, Bozen
Printed in China

ISBN 978-3-8338-3560-5
2. Auflage 2014

 www.facebook.com/gu.verlag

Die GU-Homepage finden Sie unter www.gu.de

Ein Unternehmen der
GANSKE VERLAGSGRUPPE

DIE GU-QUALITÄTS-GARANTIE

Liebe Leserin, lieber Leser,
wir möchten Ihnen mit den Informationen und Anregungen in diesem Buch das Leben erleichtern und Sie inspirieren, Neues auszuprobieren. Alle Informationen werden von unseren Autoren gewissenhaft erstellt und von unseren Redakteuren sorgfältig ausgewählt und mehrfach geprüft. Deshalb bieten wir Ihnen eine 100%ige Qualitätsgarantie. Sollten wir mit diesem Buch Ihre Erwartungen nicht erfüllen, lassen Sie es uns bitte wissen. Sie erhalten von uns kostenlos einen Ratgeber zum gleichen oder ähnlichen Thema.
Wir freuen uns auf Ihre Rückmeldung, auf Lob, Kritik und Anregungen, damit wir für Sie immer besser werden können.

GRÄFE UND UNZER Verlag
Leserservice
Postfach 86 03 13
81630 München
E-Mail:
leserservice@graefe-und-unzer.de

Telefon: 00800 – 72 37 33 33*
Telefax: 00800 – 50 12 05 44*
Mo–Do: 8.00–18.00 Uhr
Fr: 8.00–16.00 Uhr
(* gebührenfrei in D, A, CH)

Ihr GRÄFE UND UNZER Verlag
Der erste Ratgeberverlag – seit 1722.